LIGURER
UMBRER
Ligurisches
Meer
Arno
Volterra
Arretium
Curtun
ETRUSKER
Trasimenischer
See
Perusia
Clevsin
Fufluna
Tiber
Vetluna
Elba
Roselle
Velsna
Volsinii
Bolsena-
See
Tyrrhenisches
Velc
Tarchna
Veia
Cisra
Meer
Rom
LATINER
Bedeutende Etruskerstädte
Kleinere Städte und Siedlungen
Hafen
Erzabbau

Alte Kulturen am Mittelmeer

Illustrationen
von Dieter Heidenreich

Jens Köhn

Die Etrusker

Kinder des Tinia

Der Kinderbuchverlag
Berlin

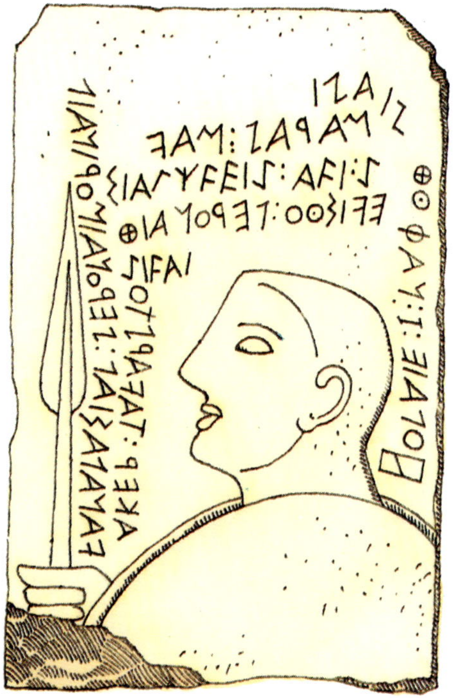

Auf der Insel Lemnos fand man diesen Grabstein eines Kriegers aus dem 6. Jh. v. Chr. mit einer griechischen Inschrift. Die aufgezeichnete Sprache ähnelt dem Etruskischen. Vielleicht war die Insel einst von jenen Ahnen der Etrusker besetzt, die später in Italien landeten?

In Mittelitalien liegt die Landschaft Toskana. Der Name erinnert noch heute an jenes Volk, das im Altertum dort lebte, die Tusker oder auch Etrusker. Erste Spuren ihrer Geschichte stammen aus dem 9. Jahrhundert v. Chr. Woher die Etrusker kamen, ist bis heute ein Rätsel. Handelt es sich um Ankömmlinge aus dem Osten des Mittelmeergebietes, die hier ihre Schiffe an Land zogen und sich mit der ansässigen Bevölkerung verbanden? Oder sind es Einwanderer, die einstmals nordöstlich der Alpen wohnten?

Sicher ist, die Etrusker waren Bauern, Bergleute, Handwerker, Seehändler und Krieger. Ihre Frauen, die hoch geachtet wurden, waren erfahren in Haushaltsführung und Webkunst. Adlige Herren standen Stadtstaaten mit Tempeln und Schutzmauern vor. Priester erkundeten aus Blitzen den Willen des Himmelsgottes Tinia oder der Sonnengottheit Cath.

Ebenso suchten sie aus dem Flug der Vögel und anderen irdischen Zeichen göttliche Botschaften zu deuten. Ehrfürchtig brachten die Etrusker ihren Göttern Opfer dar.

Dieses Volk war für viele Jahre dic stärkste Macht Italiens. Seine ruder- und segelgetriebenen Schiffe beherrschten das Meer zwischen der italischen Küste und den Inseln Korsika und Sardinien. Die später berühmte Stadt Rom verdankt etruskischen Königen, die dort regierten, ihren Namen.

Altertumsforscher haben die Geschichte der Etrusker erforscht. Sie gruben Friedhöfe mit prächtig ausgestatteten Grabmälern aus, entzifferten und übersetzten Inschriften, bargen Reste von einst blühenden Städten und von Hafenanlagen. Immer deutlicher wurde die Vorstellung davon, wie die Etrusker arbeiteten und wohnten, wovon sie sich ernährten, womit sie sich kleideten, wie sie sich vergnügten, wer ihre Freunde, wer ihre Feinde waren.

Begeben wir uns in das 6. und 5. Jahrhundert. Erleben wir, wie die Etrusker auf der großen Halbinsel Italien den Vorhang zum Zeitalter der Antike aufzogen.

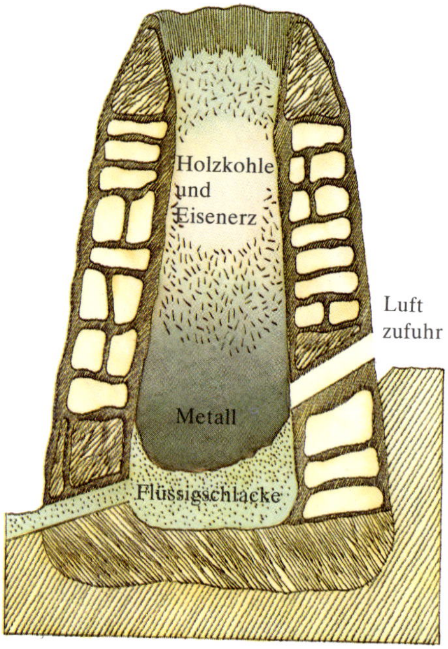

Rekonstruktion eines Eisenschmelzofens aus Fufluna

Bei der Arbeit an Schmelzöfen. Im Hintergrund Holzkohlemeiler und Schachtausgänge *(siehe S. 7)*

Herren des Feuers und der Metalle

Sieh, das ist eine Axt aus Eisen. Härter, als es eine aus Bronze jemals sein kann. Willst du ihre Kraft probieren? Spalte den Holzkloben da. Es wird dir beim ersten Hieb gelingen. Bravo. Nun schau dir die Schneide an, glatt und blank wie zuvor. Und du, Steinmetz, nimm diesen eisernen Meißel. Der nutzt sich nur langsam ab. Vielen Steinen kannst du damit Gestalt geben. Ja, ein Schwert handle ich auch, vornehmer Herr. Zerteile damit die Luft, höre, wie die Klinge surrt. Kauft, Leute, kauft. Eisen macht stark!

So klang es auf den Märkten der Städte und Siedlungen Italiens, aber auch Griechenlands, Galliens und Karthagos. Kein etruskischer Eisenhändler mußte um Absatz fürchten. Er verkaufte das nützlichste Metall der damaligen Welt. Beim Ackerbau, in Schiffswerften, in Steinbrüchen oder Werkstätten vervielfachte es die Kraft der Menschen.

Etrurien war das Zentrum der Eisengewinnung und -bearbeitung im ganzen westlichen Mittelmeergebiet.

Die Berge hallten von Hammerschlägen wider. In niedrigen, wenige Meter unter der Erdoberfläche liegenden Stollen bauten die Bergleute das Erz ab. Kleine Öllampen spendeten schwaches Licht.

Unterdessen krachten in den Wäldern Bäume unter Axthieben zu Boden. Das zerkleinerte Holz wurde zu Kohle verschwelt. Erst sie gab für den Schmelzprozeß des Erzes die nötige Hitze – dreimal soviel wie das beste Trockenholz. Gewaltig müssen die Mühen der Holzfäller und Köhler gewesen sein. Denn dreißig Teile Holz brauchte man, um sechs Teile Holzkohle zu gewinnen. Und diese reichten gerade dafür, ein Teil Eisen aus dem Erz zu schmelzen.

Vor den Mauern der Küstenstadt Fufluna lag eine Wohn-

Hochofen aus Lehm zum Schmelzen von Kupfererz. Im Unterteil befand sich ein Rost, getragen von einer Säule aus feuerfestem Gestein, der den Feuerraum vom Schmelzraum trennte.

und Arbeitssiedlung von Hütten- und Schmiedearbeitern. Von der nahe gelegenen etruskischen Insel Elba aus wurden die Erzbrocken mit Lastkähnen in den Hafen der Stadt transportiert. Von hier aus war es eine kurze Wegstrecke bis zu den rauchenden, lehmverschmierten Schmelzöfen. Erzgestein und Holzkohle wurden schichtweise aufgeschüttet. Luft aus ledernen Blasebälgen trieb die Temperatur im Ofenraum hoch. Bald rann erste zähflüssige Schlacke aus dem Kanal am Ofenboden. Am Ende der Schmelze schlugen die Hüttenarbeiter mit Brechstangen ein Loch in die untere Ofenwand. Dann fuhren sie mit riesigen Zangen in den Feuerraum und zerrten einen mattglühenden Klumpen hervor – das poröse, wie ein größerer Schwamm aussehende Roheisen.

Nun begann die Arbeit der Schmiede. In ihren Werkstätten schmiedeten sie mit gleichmäßigen Hammerschlägen das Eisen. Hatte es die Form von Sensen- oder Spatenblättern, Axt- oder Schwertklingen, Nägeln oder Haken angenommen, schreckten sie das heiße Metall in Wasser ab. Dann wurde es poliert und geschliffen. Sethlans, der Hammer und Zange tragende Feuergott, verleihe ihnen Kraft und Geschicklichkeit, meinten die Schmiede. Sethlans sei gelobt! mögen sie ihrem rußigen Beschützer nach getaner Arbeit gedankt haben.

Die durch Eisen reich gewordenen Stadtherren Fuflunas ließen sogar Münzen mit dem Bildnis Sethlans' schlagen. Überall, wohin die runden Geldstücke »rollten«, sollten sie von der Schmiedekunst in ihrer Stadt künden.

Noch ein anderes Metall verschaffte etruskischen Städten Ansehen und Reichtum: die Bronze, seit alters aus Kupfer und Zinn hergestellt. Auch diese Erze wurden aus den Bergen Etruriens gebrochen. Unweit der Gruben waren reihen-

weise hohe Schmelzöfen errichtet worden. Man hatte sie so gebaut, daß der Wind mit aller Kraft in die Mündungen des Ofens fahren konnte.
Etruskische Bronzehandwerker waren sehr geschickte und kunstfertige Leute. Je raffinierter und außergewöhnlicher ihre Produkte, desto mehr Absatz fanden diese auf nahen und fernen Märkten. In ihren Werkstätten gossen sie das flüssige Metall zu Platten aus. Bronzebleche verschiedener Stärke entstanden. Mit gezielten Hammerschlägen trieben sie kunstvolle Reliefs in das kalte Blech: eine Verkleidung für die Füße des Sofas, mit Pflanzen und Tieren; dem Krieger einen Brustpanzer, mit Löwenkopf; an die Frontseite des Kampfwagens eine Bronzeplatte, mit dem Bildnis des göttlichen Herakles – wie es beliebt. Die bronzenen Bleche ließen sich auch gravieren: für die schöne Dame einen auf Hochglanz polierten Spiegel, auf der Rückseite eine Göttin und ein wohlgebauter nackter Jüngling abgebildet; für den Priester eine ebenso verzierte Schere zum Schneiden seiner langen Haare – ganz nach Wunsch. Auch auf das Löten von Bronze verstanden sich die Handwerker: Schatullen und Vasen, selbst Trompeten, deren dunkler Ton den Beginn einer Amtshandlung ankündigte, wurden so gefertigt.
Das Bronzehandwerk war in ganz Etrurien verbreitet. Berühmt waren die Schalen und Kronleuchter aus Clevsin. In Velsna hatte man sich auf die Herstellung von mehrarmigen Kerzenleuchtern spezialisiert. Handwerker aus Velc schufen Pokale und reichverzierte Dreifüße für Opferschalen oder Holzkohlebecken.
Die besten ausländischen Kunden waren die Griechenstädte im Süden Italiens und auf Sizilien. Aber auch in Athen, in Olympia und auf der Insel Rhodos schmückten etruskische Bronzen Herrenhäuser und Tempel.

Diese Bronzemünze aus Fufluna (4. Jh. v. Chr.) zeigt auf der Vorderseite ein Porträt des Schmiede- und Feuergottes Sethlans, auf der Rückseite sind seine Werkzeuge – Hammer und Zange – zu sehen.

Nethuns (lat. Neptun) – Zeichnung nach einer Gravur auf einem etruskischen Bronzespiegel (4. Jh. v. Chr.). Dieser alte italische Gott wurde auch von den Etruskern verehrt. Einst war Nethuns Herrscher über alle Quellen und Flüsse, erst später wurde er zum Meeresgott erhoben. Nach etruskischer Vorstellung half er Felsen beiseite stemmen, um Wasserläufe freizugeben.

Sie zähmen das Wasser

So geht es nicht mehr weiter, sagte der König von Veia auf der Versammlung der Adligen. Die Getreidevorräte werden knapp, und bis zur nächsten Ernte dauert es noch seine Zeit. Die Felder vor der Stadt reichen nicht aus, um genügend Korn zu ernten. Ja, es wird wieder Hungersnot geben. Wollen wir, daß die Menschen Veia verlassen, weil es hier nichts zu essen gibt? Niemals! Wir wollen kein kleines, schwaches, sondern ein starkes Veia! Natürlich war allen klar: Die Stadt benötigt mehr Land, als sie bisher unter Pflug genommen hatte. Aber woher nehmen?

Nördlich der Stadtgrenze erstreckte sich ein weites, noch unbebautes Gebiet. Es war feucht und versumpft. Welch fruchtbare Äcker könnten hier entstehen, gelänge es, die Gegend trockenzulegen!

Schon lange hatten die Einwohner von Veia beobachtet, daß der Fluß dort über das Ufer trat, wo er wegen eines Felsvorsprungs einen jähen Bogen machte. Das brachte sie schließlich auf eine kühne Idee: Wir schlagen durch den Fels einen Stollen. Durch ihn leiten wir künftig das Wasser. Das alte Flußbett wird austrocknen und mit ihm das überschwemmte Land.

Gesagt, getan. Man entwarf einen genauen Plan, der den Verlauf des unterirdischen Kanals festlegte. Die Länge sollte siebzig, der Durchmesser drei Meter betragen.

Das große Vorhaben begann. Von beiden Seiten des Felsens arbeiteten sich Tunnelbauer mit Spitzhacken und Meißeln voran. Doch je weiter sie vordrangen, desto knapper wurde im Stollen die Luft. Also hieß es, von der Erdoberfläche aus Belüftungsschächte nach unten treiben.

Nach vielen Monaten war es soweit. Glücklich reichten sich

zwei Tunnelbauer durch ein kleines Felsloch die Hände. Der Durchbruch war gelungen. Nur noch wenige Schläge mit der Spitzhacke, und sie standen sich aufrecht gegenüber, umarmten sich.
Nun galt es, den Fluß umzuleiten. Der Priester hob seinen Krummstab. Es war das Zeichen, den Damm zu durchstechen, der bisher Tunnel und Fluß getrennt hatte. Im Nu suchte das Wasser den neuen Weg. Laut rauschte es aus der Tiefe des Felsentunnels und ergoß sich am anderen Ende brodelnd in das Flußbett. Die Götter haben uns erhört, verkündete der Priester.
Bald senkten die Bauern ihre Pflüge in den entwässerten Boden. Auf den einst sumpfigen und mückenverseuchten Wiesen gedieh das Getreide.
Doch nicht nur gegen Überschwemmung wußten sich die Bewohner von Veia zu schützen. Zu feucht war die Erde auch dort, wo wegen des felsigen Untergrunds das Regenwasser nur sehr langsam versickerte. Die Ernten verdarben. Abhilfe schuf ein weitverzweigtes Netz kleiner unterirdischer Kanäle, das den Boden entwässerte.
Solche Kanäle führten auch unter der Stadt Veia selbst entlang. Sie dienten dem Zu- und Abfluß von Wasser. Im dortigen Heiligtum der Göttin Menrva gab es ein mit Ton abgedichtetes Steinbecken. Darin badeten die Gläubigen, um sich vor dem Gebet zu reinigen. Dem Becken im Tempel der Göttin strömte durch eine unterirdische Leitung ständig frisches Quellwasser zu.
Auch in anderen Städten verstand man, das Wasser zu bändigen. So etwa in dem von Etruskerkönigen beherrschten Rom am Fluß Tiber. Zwischen den Hügeln, auf denen diese Stadt gebaut war, lag ein feuchtes Tal. Tarquinius Priscus, der König, ließ Wasserbauingenieure rufen. Nach ihren Be-

Unterirdischer Kanal. – Solche Kanäle legten die Etrusker zur Entwässerung des Bodens an. Voraussetzung war ein fester Untergrund aus Tuffgestein. Die Höhe eines Kanals betrug etwa 1,70 m, die Breite 0,60 m. Die Maße entsprachen dem Bewegungsraum eines Tunnelbauers bei seiner Arbeit mit Hammer und Meißel. Durch vertikale Schächte im Abstand von 30 bis 40 m floß das Wasser in den unterirdischen Kanal und wurde von dort in einen Graben geleitet.

Bronzeschild mit dem Haupt des stierhörnigen griechischen Flußgottes Acheloos. Grabbeigabe, gefunden bei der Stadt Tarchna

rechnungen entstand ein großer unterirdischer Abflußkanal, der in den Tiber mündete. Die Bürger Roms nannten ihn in ihrer lateinischen Sprache Cloaca maxima, »sehr große Kloake«.

Der Boden war fortan trocken. Nun konnte dort zur Freude aller Bewohner Roms ein Markt- und Versammlungsplatz gebaut werden.

In Gegenden, wo es an Wasser mangelte, behalfen sich die Etrusker aber so: Sie spürten, indem sie den Pflanzenwuchs genau beobachteten, jene Stellen unter der Erde auf, wo sich Wasser sammelte. Hier bohrten sie einen Brunnen. Sprudelte das Wasser kräftig daraus hervor, wurden Kanäle angelegt, die das kostbare Naß auf die Felder verteilten. Fehlte die Möglichkeit, solch eine Wasserstelle anzuzapfen, mauerten die Etrusker unterirdische Tanks, die Regen- und Schmelzwasser auffingen und für die trockene Jahreszeit speicherten.

Dieses kleine Boot aus Bronze wurde im 7. Jh. v. Chr. auf der Insel Sardinien gefertigt. Man fand es in der etruskischen Stadt Vetluna. Vielleicht diente es als Öllämpchen.

Fruchtbares Land

In vielen Tälern Etruriens gab es von Natur aus eine fette und feste Erde. Mehrfach furchten die Bauern mit ihren von Ochsen gezogenen Hakenpflügen kreuz und quer den Boden, bis er locker genug war, das Saatkorn zu umschließen, zu wärmen. Der Lohn blieb nicht aus: fünfzehnfacher Ertrag eines ausgesäten Kornes. Da auch dort, wo man den Boden be- oder entwässerte, die Ernten reichlich ausfielen, lagerte in den Speichern bald mehr Korn, als man über das Jahr verbrauchte. Warum also nicht damit handeln?

Kaufleute führten mit Getreide ein gewinnbringendes Geschäft. Sie beluden Schiffe und Wagen, um es anderswo zu verkaufen. Dreimal – so ist bekannt – klopften die Senatoren Roms in den nördlich gelegenen Etruskerstädten um Weizen an. Denn in der Stadt am Tiber drohte wegen Mißernten Aufruhr. Gern ging man auf die Bitten der Römer ein – es versteht sich, gegen gute Bezahlung.

Nicht nur Getreidefelder bewirtschafteten etruskische Bauern. Sorgfältig pflegten sie ihre Weinpflanzungen an den Hängen der Berge. Ein Weizenfladenbrot schmeckte nun mal besser zu einem Schluck Wein.

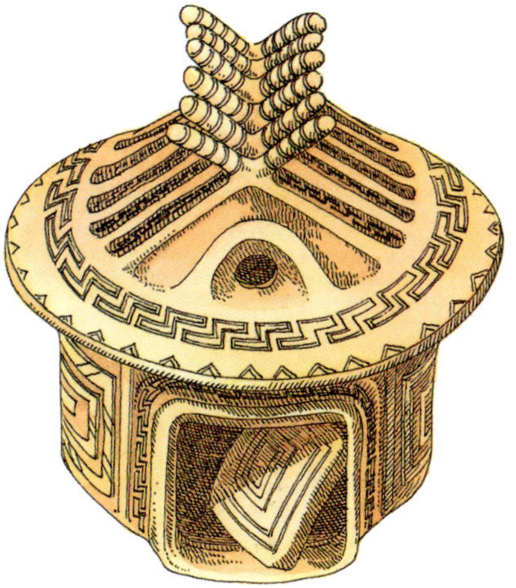

Tönerne Aschenurne (9./8. Jh. v. Chr.) in Form einer Bauernhütte. – Die auf dem Scheitel des Daches sich kreuzenden Balken gaben der darunterliegenden Strohbedeckung Halt. Aus Dörfern mit solchen Bauernhäusern entstanden die meisten etruskischen Städte. Einige Städte beherbergten zu ihrer Blütezeit bis zu 30 000 Einwohner.

Kleine Tongefäße, in denen die Etrusker wohlriechende, aus Olivenöl hergestellte Salben aufbewahrten

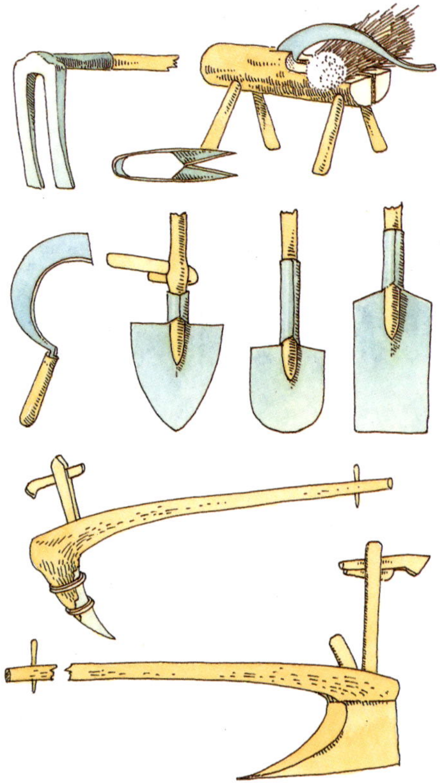

Bäuerliche Arbeitsgeräte aus Holz und Eisen

Etruskischer Bauer beim Pflügen (siehe S. 15)

Griechen hatten einst den Wein ins Etruskerland gebracht. Vom Süden Italiens waren sie mit ihren Schiffen die Küste hinaufgefahren und hatten vor der etruskischen Küste ihre Ankersteine geworfen. Aus schlanken tönernen Amphoren gossen sie dickflüssigen Wein in Trinkschalen und vermischten ihn mit Wasser. Hier, probiert, wir haben genug davon an Bord. Bald steigt euch der köstliche Saft in die Köpfe, macht lustig und frei. Die Neugierigen tranken erst vorsichtig, dann in kräftigen Zügen. Es dauerte nicht lange, bis einige torkelten. Merkt ihr's, sagten lachend die griechischen Händler, jetzt wohnt unser rebellischer Weingott Dionysos in euch.

Schnell eigneten sich die Etrusker die Kunst des Weinbaus an. Und schon bald wurde ihr herber oder süßer Rebensaft eine beliebte Handelsware fast im ganzen Mittelmeergebiet. Die Stadtherren Karthagos tranken ihn ebensogern wie die Adligen Galliens oder die Bürger griechischer Städte. Da wundert es nicht, daß griechische Weinhändler, die bislang einträgliche Geschäfte an den Küsten des westlichen Mittelmeeres gemacht hatten, nicht gerade gut auf ihre etruskischen Konkurrenten zu sprechen waren. Aus Sorge und Mißgunst sagten sie ihnen sogar nach, ihr Weingott Dionysos sei von etruskischen Piraten entführt worden.

Die Etrusker galten auch als vortreffliche Viehhalter. Über Wiesen und durch Wälder zogen große Schweineherden. Die Tiere waren darauf dressiert, den Trompetensignalen der Hirten zu folgen. Auch auf Ziegen- und Schafzucht verstanden sich die Bauern. Ziegenmilch verarbeiteten sie zu Käse, Schafwolle verspannen die Hausfrauen. Nicht als Schlachtvieh, sondern als Zugtiere wurden Rinder gehalten. Kein Pflug oder schwerer Wagen hätte sich ohne ihre Kraft bewegt. Wahrlich, Etrurien war ein »Land, fruchtbar an

Getreide, Vieh und allen Dingen«, wie ein römischer Gelehrter einst äußerte.
Wer aber waren die einfachen Leute auf dem Lande, deren Hände Arbeit solchen Ruf einbrachte? Wenig ist über sie bekannt. Die Erträge ihrer kleinen Wirtschaften – Korn und Wein, Schweine und Ziegen, Geflügel oder Bienenhonig – gehörten ihnen jedenfalls nicht ungeteilt. Manches davon kam auf den Tisch adliger Familien, von denen sie abhängig waren.
Die adligen Etrusker selbst besaßen ausgedehnte Landgüter, auf denen Bauern und auch Sklaven arbeiteten. Und damit niemand auf die Idee kam, solch ungleiche Verteilung des Bodens anzuzweifeln, wurden dessen Grenzen heiliggesprochen. Ein Fluch richtete sich gegen jeden, der es wagte, sie anzutasten. Ein alter Text berichtet davon:
»Als der Gott Tinia Etruriens Erde für sich beansprucht hatte, ordnete er an und befahl, die Felder zu vermessen und die Äcker zu begrenzen. Er wollte, daß alles durch Grenzen umschrieben sei ... Wer sie berührt oder verändert ... wird durch solches Verbrechen den Göttern verfallen sein ... Diejenigen, die Grenzsteine versetzt haben, werden von schlimmen Krankheiten und Wunden heimgesucht und die Körperkraft verlieren. Die Erde wird von häufigen Unwettern und Stürmen, die sie erschüttern, verwüstet werden. Die Ernten werden oft verderben und von Regen und Hagel zerstört werden, unter starker Hitze verbrennen oder von der Getreidekrankheit verzehrt werden. Viel Zwietracht wird es im Volk geben ... Wisse, daß solche Strafen kommen werden, wenn du diese Verbrechen begehst.«

Grenzstein mit etruskischer Inschrift (3. Jh. v. Chr.). Die Etrusker schrieben mit griechischen Buchstaben, die sie von den Griechen lernten. Deshalb kann man heute jede etruskische Inschrift lesen. Sie zu übersetzen ist erst in Anfängen möglich, da die Sprache der Etrusker mit keiner anderen bekannten verwandt ist.

Fischfang und Jagd – nach einer Grabmalerei aus Tarchna (siehe S. 16)

Ohrgehänge – etruskische Goldschmiedearbeit aus dem 4. Jh. v. Chr.

Geschickte Handwerker

Unter den Dächern der Etruskerstädte blühte das Handwerk. In Tischlereien wurden Truhen, Stühle und Bettgestelle gefertigt. Schuster boten eine kluge Erfindung an: Sandalen, deren Holzsohlen in der Mitte ein metallenes Scharnier hatten. So konnte man bequemer gehen als mit den sonst starren Sohlen. Färber verliehen Stoffen jede gewünschte Farbe. Webereien fertigten Segelstoffe für Schiffe oder Tücher, die als Sonnenschutz dienten. Ständig klapperten die Hämmer von Eisen- und Bronzeschmieden.
Gefragte Leute waren die Goldschmiede. Der strahlende Glanz des Metalls, das sie bearbeiteten, schien wie geschaf-

Ein Goldschmied, der mit Gußformen aus Lehm hantiert

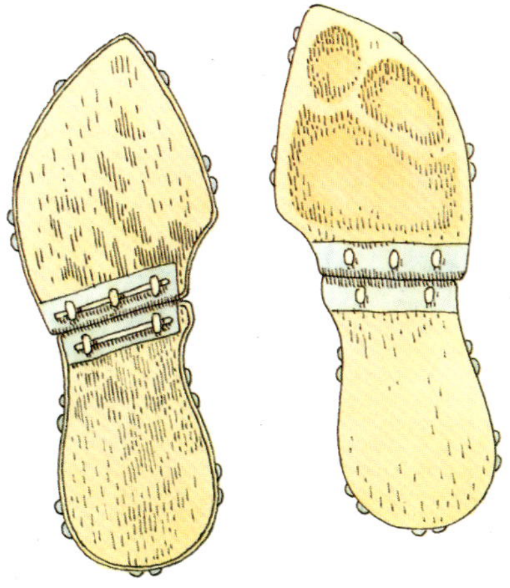

Schuhsohlen aus Holz, mit Scharnieren in der Mitte

Ein Schuster bedient in der Werkstatt seine Kundschaft.

Dieser Keramiker bessert ein Schmuckelement für ein Ziegeldach nach. Im Hintergrund lagern Stirnziegel (Antefixe), mit denen an den Dachrändern die Enden der Deckziegel verkleidet waren.

Blick in eine Töpferwerkstatt. Im Hintergrund (rechts) ist ein Brennofen zu sehen (siehe S. 21).

fen für die Eitelkeit und den Schönheitssinn vornehmer Herren und Damen. Sie gaben bei den Meistern Trinkgefäße und Vasen, Halsketten, Ohrgehänge, Armbänder und Amulette in Auftrag. Die Feinschmiede schmolzen, gossen, hämmerten und löteten in ihren Werkstätten das edle Metall. Sie trieben kunstvolle Reliefs in Goldfolien, ihre geschickten Hände flochten Goldfäden zu Schmuckbändern. Auf besonderen Wunsch setzten sie Kunden Goldzähne ein.
Groß war der Bedarf an Keramikgefäßen. Worin sonst sollte man Korn oder Öl, Wein oder Wasser aufbewahren oder transportieren? Massenhaft wurde auch Geschirr aller Art gebraucht: Trinkschalen, Mischgefäße für Wein, Teller, Krüge, Pokale. Sie herzustellen war das Geschäft der etruskischen Töpfer. Viel hatten sie von griechischen Töpfermeistern gelernt, die nach Etrurien gekommen waren. Denn aus ihrer Heimat brachten die Griechen eine Technik der Gefäßherstellung mit, welche die Etrusker bis dahin nur vom Hörensagen kannten: die Arbeit mit der schnell drehenden Töpferscheibe. Die Füße des Töpfers trieben eine Holzscheibe an. Eine Achse übertrug die Drehung auf eine Arbeitsscheibe. Ja, Gefäße aus Tonstreifen langsam »aufbauen« und ihnen Form geben, das konnten die etruskischen Töpfer schon seit langem. Doch die Wände blieben dick und ungleichmäßig, verglichen mit denen der gedrehten Ware.
Auch der Grieche Praxias aus Sizilien war nach Etrurien gekommen. In seiner Werkstatt beschäftigte er zehn Arbeitssklaven. Die einen reinigten den Ton, andere formten ihn auf der Töpferscheibe. Wieder andere bemalten die rötliche Oberfläche mit einer fein geschlämmten Tonlösung, die sich während des Brandes schwarz färbte. Sie bildeten tanzende Mädchen, die Taten des starken Griechenhelden Herakles, Stiere, Eber oder Löwen ab.

Phantasievoll geformtes Bucchero-Gefäß. – Die sogenannte Bucchero-Keramik war typisch für Etrurien. Bei einer Temperatur von etwa 600 °C im Brennofen und durch Räucherwirkung färbte sich der Ton schwarz und bekam metallenen Glanz. Töpfer aus Cisra, Tarchna, Veia und Velc stellten in größeren Werkstätten solche Keramiken zu Tausenden her.

Hinter der Werkstatt wurde die Ware in Öfen gebrannt. Der Meister konnte zufrieden sein. Produkte mit der Aufschrift »Praxias hat mich gemacht« fanden guten Absatz. Doch sein Einfallsreichtum durfte nicht nachlassen. Denn auch Etrusker verstanden es immer besser, mit der Töpferscheibe umzugehen, Keramiken herzustellen, die sich von denen der griechischen Töpfer kaum unterschieden.
Aus Ton ließen sich auch Plastiken formen, Bilder von Göttern und Menschen. Staunend betrachteten die Bewohner Veias Statuen und Reliefs des Meisters Vulca, die mehrere Tempel schmückten. Wie lebendig sahen die von ihm geschaffenen Götterplastiken aus mit ihren großen Augen, ihrem Lächeln um den Mund, ihren faltenreichen Gewändern. Und weil Vulca so berühmt war, rief ihn auch der König Tarquinius Priscus nach Rom. Er beauftragte ihn, für den Tempel auf dem Kapitol die Götterstatue des Jupiter zu gestalten. Sie soll so eindrucksvoll gewesen sein, daß man noch viele Jahrhunderte später davon erzählte.

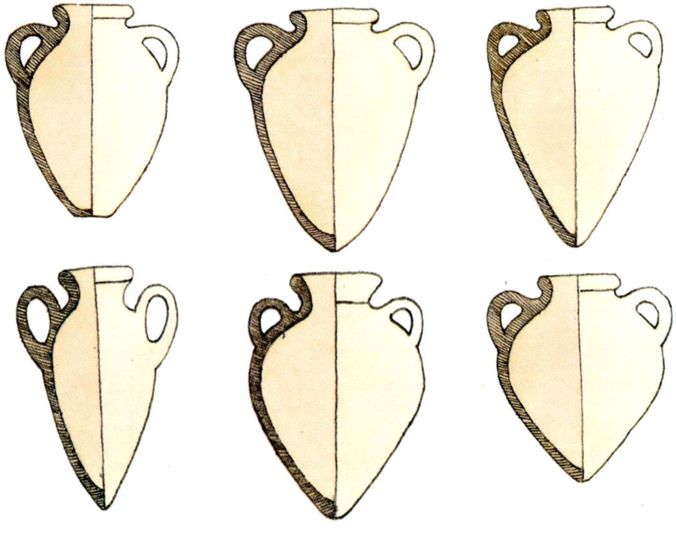

Formen etruskischer Amphoren – Gefäße zum Transport von Wein oder Olivenöl

Im Hafen

Geschäftiges Treiben herrscht auf der steinernen Mole des Hafens. Unter lauten Befehlen des etruskischen Seehändlers entladen Lastenträger den zweimastigen Handelssegler. Felle, die zu Ballen gebunden sind, tragen sie auf ihren Schultern. Vor Tagen hatte das Schiff noch an einer Flußmündung an der gallischen Küste gelegen. Dreißig schlanke Amphoren besten Weines aus Chiusi waren der Preis für die Ware.

Der Händler aus Karthago, mit einem Ring im Ohr, bietet gleich auf seinem Schiff griechische Sklaven an. Darunter zwei Knaben. Piraten hatten die Unglücklichen aus einer Küstensiedlung geraubt und an den Karthager weiterverkauft. Ein Matrose geleitet einen etruskischen Adligen über den Laufsteg hinauf aufs Deck. Nach längerem Überlegen und genauer Besichtigung entscheidet sich der Etrusker, die Kinder zu erwerben. Sie sollen ihm künftig als Mundschenke dienen. Aus seinem am Gürtel befestigten Beutel nimmt er mehrere Silberstücke. Mit einer Handwaage prüft der Karthager das Gewicht und gibt zufrieden die beiden Sklaven heraus.

Gleich neben dem Karthager liegt ein Schiff aus Tarent, der großen Hafenstadt an der »Stiefelspitze« Italiens. Es beliefert den griechischen Händler, der hier im Hafen eine Niederlassung besitzt, mit Olivenöl. Um die Qualität der Ware einzuschätzen, läßt sich der Grieche in einer kleinen Schale Öl reichen. Kritisch beschnuppert er es, befeuchtet seine Finger damit und verreibt das Öl auf dem Unterarm. Ja, die Ware ist gut, stellt er fest. Lange wird das Öl nicht in den Magazinen lagern. Denn auch die Etrusker lieben es, ihre Körper einzuölen und mit dem Schaber zu reinigen.

Hydria – schwarzfiguriges Wassergefäß nach griechischem Stil. Die dargestellte Szene zeigt den Kampf des Sagenhelden Perseus mit einem Seeungeheuer. Das Tongefäß wurde in Cisra gefertigt.

Im Hafen (siehe folgende Doppelseite). – Die Häfen waren für die Etrusker das Tor zur Mittelmeerwelt. Die von ihnen bewohnte Westküste Italiens hatte nur zwei natürliche Häfen, alle anderen waren künstlich angelegt. Die reiche Stadt Cisra verfügte über drei Häfen: Punicum, Pyrgi und Alsium.

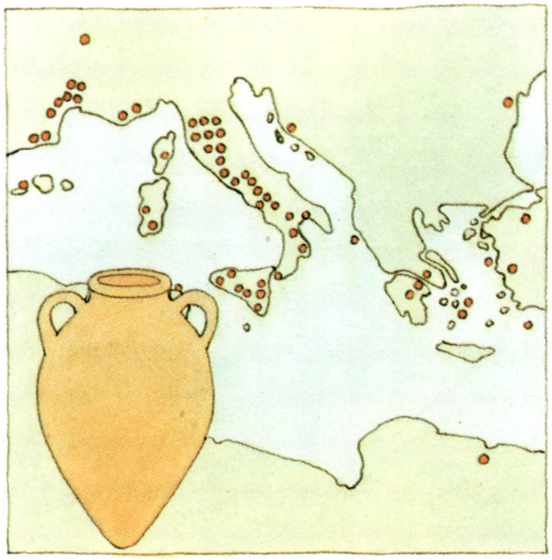

Fundorte etruskischer Amphoren am Mittelmeer und am Schwarzen Meer. So weit reichte der etruskische Weinexport.

Nachdem die Ölamphoren übergeben und auf Maultierkarren fortgeschafft worden sind, begibt sich der Kapitän aus Tarent ins Hafenviertel. Vorbei an Händlern, die Stoffe und Keramik anpreisen, vorbei an einer Taverne, in der von Wein trunkene Seeleute lärmen, lenkt er seine Schritte zum Tempel des Meeresgottes Poseidon, der hier eigens für die griechischen Seehändler errichtet worden ist. Vor der Säulenhalle kauft er gegen ein kleines Stück Kupfer eine Statuette dieses Gottes, die hier in zahlreichen Ausführungen für die Gläubigen feilgeboten wird. Dann steigt er die Stufen zum Tempel hinauf und stellt zu Füßen des im Hauptraum befindlichen großen Standbildes von Poseidon sein Geschenk für den Gott ab. Im Gebet dankt er dem Herrscher des Meeres für die glückliche Fahrt.

An einem anderen Tempel, inmitten der Hafensiedlung, hat sich eine Menschenansammlung gebildet. Neben dem Altar, vor dem Heiligtum der Göttin Uni, haben sich zum gemeinsamen Opfer eine festlich gekleidete Abordnung aus Karthago und der etruskische Stadtherr, der über den Hafen gebietet, postiert. Priester schlachten einen Stier und gießen sein Blut über dem Altar aus. Das Opfer zu Ehren der Uni soll die gedeihliche Zusammenarbeit zwischen der Etruskerstadt und Karthago bekräftigen. Denn schon lange haben beide Städte gegenseitiges Gastrecht der Händler und Nichtangriff zur See vereinbart.

An der Mole läßt unterdessen ein etruskischer Kapitän sein Schiff mit Keramik und Eisenwaren beladen. Die Matrosen tragen Helme und Schwerter. Aus dem Bug des Schiffes ragt eine gefährliche Waffe, der mit Eisenplatten benagelte Rammsporn. Viele etruskische Händler stechen so gewappnet in See. Denn eine Fahrt ungeschützt zu wagen kann verhängnisvoll sein – griechische Piraten lauern auf dem Meer!

Unter Doppelaxt und Rutenbündel

Trompetensignal ertönt. In jedem Winkel der Stadt ist es deutlich zu hören. Jeder erfährt, der Lucumo, der König, gibt Audienz. Vor seinem säulengeschmückten Haus hat er auf einem elfenbeinverzierten Klapphocker Platz genommen. Er trägt eine Kleidung, die sein Amt und seine Würde betont: über den Schultern einen purpurfarbenen offenen Mantel, den Goldstickereien zieren, auf dem Haupt ein Diadem aus Gold und in der Hand ein Zepter, mit einem Adler an der Spitze.

Aufmerksam hört er sich die Klagen und Begehren seiner Stadtbewohner an, schlichtet Streitereien oder spricht ein Urteil. Ihm zur Seite stehen Amtsdiener. Jeder von ihnen trägt über der Schulter ein Rutenbündel, in dem eine Doppelaxt steckt. Ihr Aufzug besagt: Wir haben die Macht, auf Befehl des Königs jeden, der gegen die Ordnung verstößt, mit Rutenhieben zu strafen oder, wenn es nötig ist, mit der Axt zu töten.

Solch ein Lucumo saß nicht nur alle acht Tage öffentlich zu Gericht. Seine Aufgabe als Herrscher des Stadtstaates, zu dem neben der Stadt das umliegende Land mit den Dörfern und manchmal auch ein Hafen gehörten, war zugleich verbunden mit der des obersten Heerführers und der des höchsten Priesters.

Stand ein Kriegszug bevor, rief der Lucumo die Waffenträger zusammen. Er ließ den Zustand der eisernen Schwerter, der Schilde, Lanzen und Dolche prüfen. Unter seiner Aufsicht wurden im Hafen Kriegsschiffe gebaut. Auf seine Weisung sammelten sich die Adligen mit pferdegezogenen Kampfwagen und ihren Gefolgsleuten. Im Krieg leitete er die Schlacht.

Etruskischer Adliger auf einem Klapphocker, der als Zeichen seiner Amtsgewalt galt

Als oberster Priester weihte der König Tempel ein. Mit genauem Blick verfolgte er den Flug der Vögel oder das Zucken der Blitze am Himmel, um daraus das von den Göttern bestimmte Schicksal der Stadt abzulesen. Auf seinen Wink begannen Feierlichkeiten mit Tänzen und Sportwettkämpfen zu Ehren der Götter.
Einmal im Jahr traf sich der Lucumo mit Königen anderer Etruskerstädte am Heiligtum des Gottes Voltumna, nahe der Stadt Volsinii. Flötenspieler, die ihrem Instrument rhythmische Klänge entlockten, Tänzer und Akrobaten in leuchtenden Kostümen begleiteten sie, um das Fest für Voltumna mit feierlichen Aufführungen zu begehen. Voltumna war der Gott des etruskischen Bundes.
Zwölf Städte der Etrusker sollen diesem Bund angehört haben. Während des Festes verabredeten die Stadtoberhäupter gemeinsames Vorgehen im Frieden oder Krieg. Und gingen sie wieder auseinander, so hatten sie für das kommende Jahr einen aus ihrer Mitte zum großen Priester ernannt, damit er das Wohl für ganz Etrurien herbeiflehe.
Doch ewig währte die Macht der Lucumonen nicht. An ihren Amtssesseln rüttelten wohlhabende Familien, die den alten etruskischen Adelsgeschlechtern, aus denen die Könige stammten, im Reichtum nicht mehr nachstanden. Nicht länger wollten sie sich bevormunden lassen, sondern selbst die Rechte des Adels genießen. Sie forderten: Wir, die wir Erzgruben erschließen, unsere Schiffe über die Meere fahren lassen zum Handel mit Vasen und Öl und Bronze, wir, die wir die Städte reich machen und mit herrlichen Denkmälern ausstatten, wollen Einfluß! Wir wollen bestimmen, wann ein Krieg geführt, wie das Recht gesprochen wird! Wir selbst wollen die Götter nach ihrem Willen befragen, wir selbst wollen entscheiden, wie die Einkünfte der Stadt ver-

Bruchstück eines Stirnziegels (Antefix), der einen Frauenkopf in einer Lotosblüte zeigt (6. Jh. v. Chr.)

Ein hoher Beamter zieht durch die Stadt. Vorn zwei Amtsdiener mit Rutenbündel und eingesteckten Äxten, am Ende des Zuges ein Schreiber mit Schriftrollen (siehe S. 28)

Ein Etrusker in Kampfausrüstung. – Jeder Stadtstaat Etruriens bot mehrere tausend Soldaten auf, die in Friedenszeiten Bauern, Handwerker oder Kaufleute waren. Zur Bewaffnung eines etruskischen Kriegers gehörten Lanze und Schwert. Als Schutzbekleidung trugen die Soldaten einen bronzenen Helm, Schild und Brustpanzer sowie Beinschienen.

teilt werden! Immer hartnäckiger pochten sie auf ihre Rechte, bis es ihnen gelang, die alten Adligen von ihren Amtssesseln zu vertreiben.

Sie, die neuen Adligen, setzten eine andere Art zu regieren durch. Alljährlich wählten sie aus ihrem Kreis einen obersten Stadtbeamten, manchmal auch zwei. Eine Reihe weiterer hoher Amtsträger wurde ebenso bestimmt. Der eine verwaltete die Stadtkasse, der andere die öffentliche Bautätigkeit, ein nächster führte das Heer. Wieder andere waren Richter oder für den Götterkult verantwortlich. Ein Angehöriger der Herrenschicht durchlief in seinem Leben mehrere solcher Ämter.

Auf diese Weise den Stadtstaat zu leiten brachte den herrschenden Familien Vorteil. So ließ sich das Streben einzelner nach zu viel Macht eindämmen. So bot sich für einen größeren Teil der Wohlhabenden die Gewähr, mitzubestimmen in der großen und kleinen Politik.

Und noch einen Vorzug hatte diese Art der Regierung für sie: Sie schloß die vornehmen Familien fester zusammen gegen die vielen einfachen Leute: gegen Bauern und Bergmänner, gegen Töpfer, Schmiede und Fischer, auch gegen Fremde, die sich in den Städten angesiedelt hatten, sowie gegen Diener und Sklaven.

Neue Stadt auf fremder Erde

Mehrere Tage sind sie schon unterwegs. An der Spitze des Zuges reiten Bewaffnete mit Schilden und Wurfspeeren, gefolgt von Fußsoldaten. Hinterdrein Packesel mit Proviant und Hausrat, dazwischen Frauen und Kinder. Sie treiben mit Stöcken Rinder und Ziegen an. Auf einem Hochplateau, nahe einem großen Fluß, der seinen Lauf in eine weite Ebene nimmt, halten sie an und schlagen Zelte auf. Es ist eine günstige Gegend: ringsum Wälder und eine tonreiche Erde. Den Fluß entlang führt ein Weg, den Händler schon seit langem benutzen, um in den Norden Italiens zu gelangen. Hier also soll ihre neue Heimat sein, eine etruskische Stadt in fremdem Land entstehen.

Nachdem man sich notdürftig eingerichtet hat, Wachposten aufgestellt sind, setzen die Zeremonien zur Gründung der Stadt ein. Der Priester hat schon stundenlang den Flug der Vögel beobachtet. Nichts konnte er am Flügelschlag, an der Flugrichtung und Zahl der Vögel entdecken, was darauf schließen ließe, daß die Götter etwas gegen die Gründung haben. Also greift er zur Groma, einem Meßinstrument, um die Ost-West- und die Nord-Südachse der Stadt zu bestimmen. Nachdem dies getan ist, zieht sich der Priester den Zipfel seines Gewandes über den Kopf. Denn nun heißt es, die Grenze der Stadt festzulegen. Mit einem Stock treibt er einen Stier sowie eine zum ersten Mal tragende Kuh, die vor einen bronzenen Pflug gespannt sind, an. In weitem Bogen zieht er eine Furche. Auf dieser Linie soll die Stadtmauer errichtet werden. Der Priester pflügt so, daß die Schar die Erde nach innen, in das künftige Stadtterritorium wirft. An Stellen, wo ein Stadttor erbaut werden soll, hebt er den Pflug aus dem Boden. Es dauert geraume Zeit, bis er wieder

Die Groma – ein Instrument zur Landvermessung. Sie bestand aus einem Kreuz, an dessen Enden Fäden mit Bleigewichten zum Austarieren angebracht waren. Der römische Schriftsteller Varro berichtet, daß die Etrusker die Groma erfunden hätten. Doch gibt es Hinweise, nach denen die Etrusker dieses Meßinstrument von den Griechen übernommen haben.

dort angelangt ist, wo er erstmals die Pflugschar in die Erde gesenkt hat. Dann schreitet er in einigem Abstand von der Furche einen äußeren und schließlich einen inneren Kreis ab. Der Raum zwischen beiden gilt als die heilige Grenze der Stadt.

Auch in den nächsten Tagen hat der Priester viel zu tun. Mit seiner Groma vermißt er ein schachbrettartiges System von Straßen im Inneren des Stadtterritoriums. Zwischen den durch Pflöcke gekennzeichneten Straßen wird den Siedlern Platz für den Bau ihrer Häuser angewiesen.

Dann beginnen für alle Monate voller Arbeit. Hausfundamente werden aus groben Steinen geschichtet, Bäume ge-

Umzeichnung eines Reliefs, das auf einem Steinsarg aus Perusia (5. Jh. v. Chr.) eingemeißelt war. Stellt es vielleicht Etrusker beim Umzug in eine neue Stadt dar? Oder werden hier Opfertiere und Gerätschaften zu einem Altar gebracht?

fällt und mit der Axt bearbeitet, um Dachstühle und Decken zu bauen. In Nähe der Tongrube ist man dabei, Dachziegel in Holzformen herzustellen und zu brennen. Damit es nicht an Wasser mangelt, werden tiefe Brunnenschächte ausgehoben. Tag für Tag wächst die Stadt.
So oder ähnlich geschah es, wenn Etrusker ihr angestammtes Gebiet zwischen den Flüssen Arno und Tiber verließen und Städte fern von ihren Heimatorten gründeten. Im Norden Italiens zogen sie bis zum großen Fluß Po. Sie vertrieben dabei oft schlecht ausgerüstete und ihnen deshalb hoffnungslos unterlegene Stämme. An einer Flußmündung des Po gründeten Etrusker Spina. Statt einer Hauptstraße durch-

Etruskischer Bronzehelm aus dem 8. Jh. v. Chr.

schnitt die Stadt ein zwanzig Meter breiter Kanal. Um trokkenes Land zu gewinnen, legten die Etrusker ein Kanalnetz an. Von Spina stachen ihre Schiffe ins Adriatische Meer, handelten Waren bis nach Süditalien und Griechenland.

Die Etrusker lockte es auch in den sonnenreichen Süden der großen Halbinsel Italien. In Kampanien, wo sich der Vesuv erhebt, sollen sie allein zwölf Städte gegründet haben, unter anderen Capua und Pompeji.

Gern wären sie noch weiter südwärts gezogen, hätten sich dort Stützpunkte geschaffen. Doch Siedler aus Griechenland waren ihnen zuvorgekommen, betrieben hier Landwirtschaft und Seehandel. Ihre gewaltigen Stadtmauern geboten den Etruskern: Keinen Schritt weiter, ihr holt euch sonst blutige Köpfe!

Bronzestatuette des Aias – Weihgabe aus Fufluna. Aias galt in der Sage nach Achilleus als stärkster und tapferster griechischer Held im Kampf gegen Troja.

Seeschlacht in sardischen Gewässern

Seeschlacht – Ausschnitt von einer Darstellung auf einem Krater (7. Jh. v. Chr.). Dieses Gefäß zum Mischen von Wein und Wasser wurde gefunden in der mächtigen Stadt Cisra, die eine starke Flotte besaß.

Immer ungeduldiger wurden in den Etruskerstädten jene Stimmen, die entschlossene Maßnahmen zur Bewahrung der Seeherrschaft forderten. Griechen aus der fernen Stadt Phokäa in Kleinasien waren von den Persern vertrieben worden und hatten sich auf der Insel Korsika festgesetzt. Dort errichteten sie die Hafensiedlung Alalia und entfalteten einen regen Seehandel.

Jedes Jahr wird es schlimmer mit den Phokäern, sagten die etruskischen Herren. Ihre Handelsschiffe legen dort an, wo wir seit Generationen gute Geschäfte machen. Ja, sie erlauben sich sogar, unsere Segler anzugreifen und auszurauben. Und was hat es schon genutzt, ab und zu mit unseren Kriegsschiffen auszufahren und hier und da ein phokäisches Schiff aufzubringen. Es scheint, das macht die Phokäer eher noch dreister. Überhaupt, ist es nicht lächerlich, die Griechen nennen das Meer vor unserer Küste Tyrrhenisches Meer – übersetzt in unsere Sprache: Etruskisches Meer. Will etwa jemand von uns, daß es bald »phokäisches« Meer heißt? Wie weit sollen uns die Phokäer noch in die Enge treiben? Schluß damit, laßt uns das Übel bei der Wurzel packen. Alle Schiffe aus Alalia müssen vernichtet werden und Alalia dazu. Fort mit den Griechen von Korsika!

Und so begann man, in den Häfen Etruriens zusätzliche Kriegsschiffe zu bauen. In den Wäldern wurden hohe schlanke Buchen gefällt, bestimmt für die Kiele der Ruderschiffe. Aus Tannenholz entstanden Planken, Rümpfe und Masten. Pech und Werg dichteten die Schiffskörper ab.

Woche für Woche drillten die Schiffsführer ihre Mannschaften. Ein Flötenspieler gab den Takt der Ruderschläge an. Die Hände der Ruderer wurden schwielig und blutig. Einen

Lappen drum und weiter, befahl der Kapitän. Der Steuermann am Heck trainierte, unter Beachtung von Strömung, Wind und Fahrgeschwindigkeit, einen plötzlichen, den möglichen Gegner überraschenden Kurswechsel. Manöver – zum Angriff, schrie der Kapitän, und das Schiff näherte sich geschwind einem Holzfloß und rammte es. Auch auf dem Deck übten Soldaten. Sie warfen bei voller Fahrt Speere auf herumschwimmende Holzteile.

Aber nicht nur in etruskischen Häfen rüstete man zum Krieg gegen die Phokäer. Die Karthager aus Afrika, die auf Sizilien und Sardinien Stützpunkte unterhielten, waren ebenso wie die Etrusker zu dem Schluß gekommen: Fort mit Alalia. Das Meer zwischen Italien und Afrika soll unser und der Etrusker Einflußgebiet bleiben. Griechen werden hier höchstens als friedliche Gäste geduldet.

So einigten sich die Herren Karthagos und Etruriens, gemeinsam gegen die Phokäer Krieg zu führen. Im Jahre 535 v. Chr. kam es zur Seeschlacht.

60 etruskische und 60 karthagische Schiffe vereinten sich, die Phokäer hatten halb so viele Schiffe wie ihre Gegner zusammengebracht. In den Gewässern bei der Insel Sardinien trafen die Kriegsflotten aufeinander. Die Beobachter auf den Schiffsmasten meldeten fast gleichzeitig das Nahen der jeweils gegnerischen Armada. Fertigmachen zum Kampf, befahlen die Kapitäne. Die für den Angriff vorgesehenen Schiffe drehten ab und reihten sich in Kampfordnung auf. In schneller Fahrt steuerten die Gegner aufeinander zu. Schon entzündeten die Bogenschützen ihre Pfeilspitzen. Waren sie nahe genug heran, ließen sie einen Feuerregen aufs gegnerische Schiff niederprasseln. Mit geschickten Manövern suchten die Schiffe Rammstößen auszuweichen. Manchmal gelang es, manchmal nicht. Die Planken barsten … Hilfe-

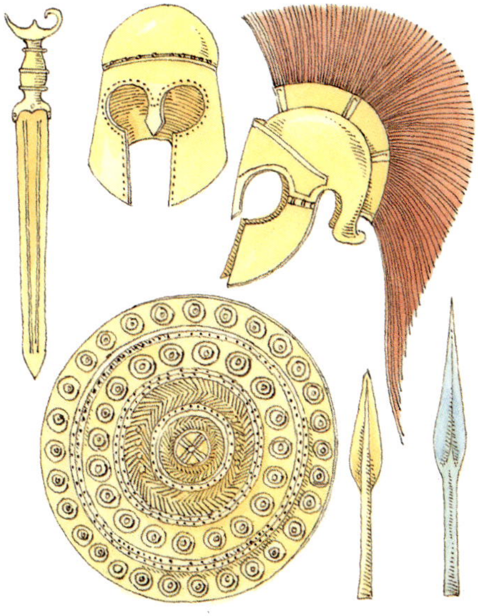

Kampfausrüstung etruskischer Krieger: Schwert, Helme, Schild, Lanzenspitzen

Rammspornbewehrte Kriegsschiffe treffen aufeinander *(siehe S. 36)**.*

schreie der Verwundeten und Ertrinkenden – eine gnadenlose Schlacht. Vierzig phokäische Schiffe versanken im Meer.
Als die Griechen die Schlacht verloren sahen, drehten ihre restlichen Schiffe schnell nach Alalia ab. Im Heimathafen angelangt, holten sie Frauen und Kinder an Bord. Von ihren Feinden unbemerkt, entkamen sie nach Süditalien.
Die Flotte der Sieger kehrte triumphierend in ihre Heimathäfen zurück. Auf den Decks der Schiffe Hunderte gefesselter Kriegsgefangener. Die Etruskerstadt Cisra, der drei Häfen gehörten und die eine erhebliche Anzahl von Schiffen in die Schlacht gesandt hatte, nahm grausame Rache an den kriegsgefangenen Phokäern. Sie alle wurden auf den Marktplatz dieser reichen etruskischen Stadt geführt, verhöhnt und so lange mit Steinen beworfen, bis sie starben. Die Etrusker durften sich rühmen, wieder Herren des Meeres vor ihrer Küste zu sein.

Ein etruskisches Lastenschiff – Darstellung auf einer Pyxis (»Büchse« aus Elfenbein) aus Clevsin (um 600 v. Chr.)

Im Innern des Hauses

Die meisten Häuser in den etruskischen Städten hatten zwei oder drei Räume zu ebener Erde, bisweilen auch ein Stockwerk. Die Wände bestanden aus ungebrannten Ziegeln oder lehmbeworfenem Flechtwerk, Holzpfähle stabilisierten sie. Das beiderseitige Schrägdach war mit gebrannten Ziegeln gedeckt. Hier wohnten die einfachen Etrusker.

Die wohlhabenden Familien besaßen Wohnhäuser mit fünf, sechs oder noch mehr Räumen. Durch eine Eingangstür gelangte man über einen kleinen Korridor von der Straße aus in den Hauptraum. Manchmal war er nach oben hin offen wie ein Innenhof. Atrium nannten die Römer einen solchen Raum, der später bei ihnen weit verbreitet war.

Im Hauptraum empfing der Hausherr Gäste. Sessel aus Korbgeflecht mit davorgestellten Fußbänkchen luden zum Verweilen ein. An den Wänden hingen Speere und Schilde, die zur Ausrüstung des Herrn im Kriegsfalle gehörten. Auch Schleudern, um Wildenten zu erlegen, wurden so aufbewahrt.

Um diesen Raum gruppierten sich mehrere Zimmer. In einem wurde das Essen eingenommen. Liegesofas mit buntbestickten Decken und Kissen standen hier, davor flache Tische. Kandelaber – mannshohe Kerzenständer – erhellten den Raum am Abend. In leuchtenden Farben gemalte Jagd- oder Sagenszenen schmückten die Wände.

Liegesofas standen auch in einem anderen, mit Holz getäfelten Zimmer. Hier besprach der Hausherr Geschäfte oder ruhte einfach aus. Die Truhe mit Eisenschloß bewahrte Schriftstücke und Wertsachen auf. Auf dem Tischchen lag ein Brett mit Spielsteinen bereit – ein beliebter Zeitvertreib. Eine Tür führte in den Garten hinter dem Haus. Während

Frauen beim Spinnen und Weben, abgebildet auf zwei Schellen (?) aus Bronze. – Die Stoffherstellung gehörte zu den Pflichten der etruskischen Hausfrau. Später wurden die Stoffe auch in Werkstätten gefertigt.

Rekonstruktion eines Hausinneren (siehe folgende Doppelseite). Wie es in etruskischen Häusern aussah, wissen wir heute meist aus den Gräbern der vornehmen Familien. Sie waren der häuslichen Umgebung nachgestaltet.

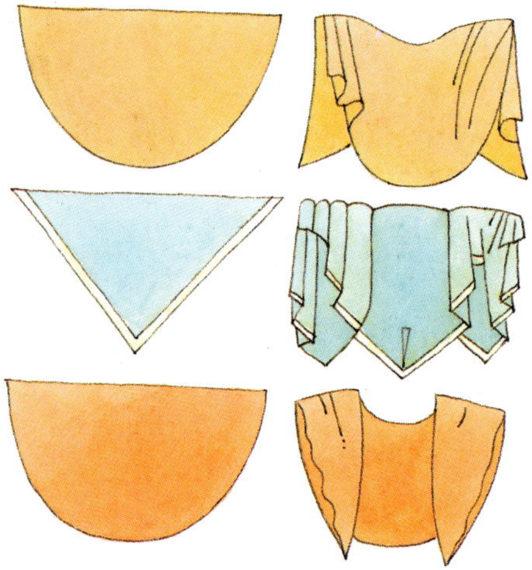

Verschiedene Typen des mantelähnlichen Obergewandes für die etruskischen Männer. Links ausgebreitet, rechts zum Tragen gefaltet

der warmen Jahreszeiten ließ sich die Familie gern hierher die Liegesofas tragen und das Abendmahl servieren.
Im Schlafgemach umstanden Wandschirme aus Korbgeflecht die Betten. Etwas abgelegen von den Aufenthaltszimmern der Herrenfamilie befanden sich die Wirtschaftsräume. In einem spannen Sklavinnen mit flinken Händen Rohwolle zu Fäden und wickelten sie auf. Oder sie webten

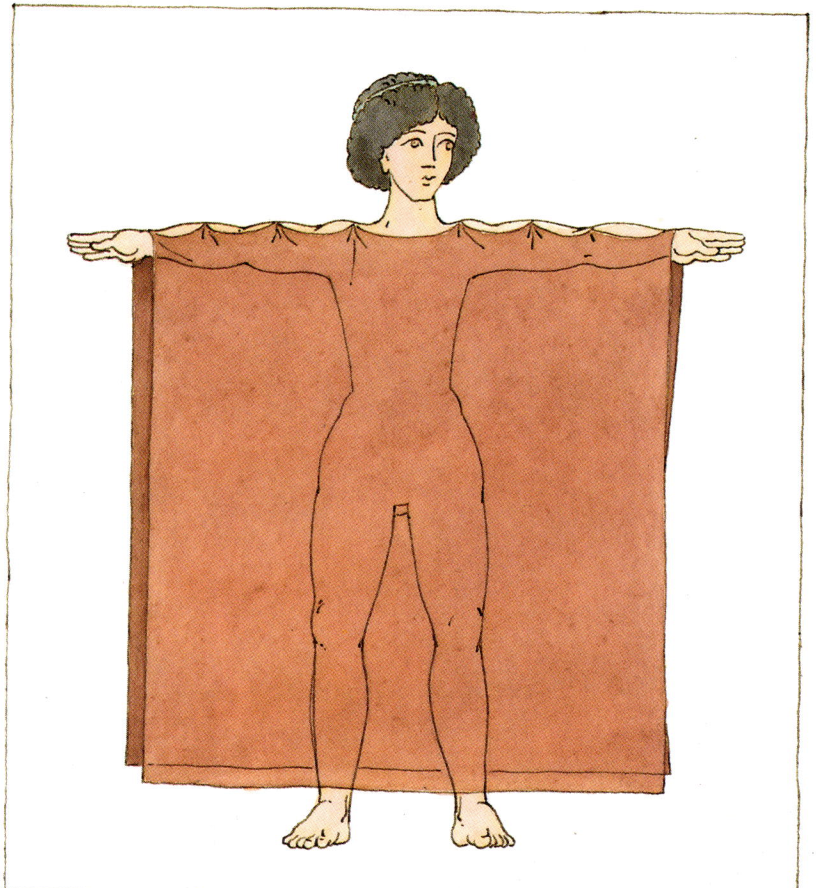

Etruskerin im leinenen Chiton, einem Gewand nach griechischer Mode. Auch Männer trugen den Chiton.

an einem großen hölzernen Webrahmen Stoffe: eine Sofadecke, die später mit Blumenmustern bestickt wurde, Vorhänge für die Fensteröffnungen in der kühleren Jahreszeit, Mäntel oder gar einen feinen Leinenstoff für das Chitonkleid der Herrin.

Gut verschlossen und nur von der Hausherrin zu öffnen war die Vorratskammer. Auf dem Boden standen Wein- und Ölkrüge. An den Wänden hingen mehrere Lederbeutel mit Weizenkörnern und Mehl. In einem Regal waren große runde Schafskäse abgelegt.

In der Küche loderte das Herdfeuer in einem Lehmofen. Beim Klang rhythmischer Flötenmusik zerlegten Küchensklaven Fleisch, rupften Geflügel, bereiteten Pasteten. Mit einem Stößel zerkleinerte eine Sklavin Gewürze auf einem flachen Bronzeteller. Über dem Herd, an einem Brett, hingen Bratspieße, ein Beil, Küchenmesser verschiedener Größe, Kellen und Rührlöffel.

Oft herrschte in der Küche solch reges Treiben. Denn die Herrschaft liebte es, ausgiebig zu speisen. Der griechische Gelehrte Poseidonios meinte, die Etrusker neigten zu übertriebenem Luxus und zu Weichlichkeit: »Denn zweimal am Tag lassen sie sich üppig auftischen, mit allem, was zu einem übertrieben feinen Leben gehört, mit blumenbestickten Decken und einer Fülle von Silbergerät. Eine beträchtliche Zahl Sklaven steht zu ihren Diensten ... Da sie ihr Leben mit Banketten und weichlichen Genüssen verbringen, haben sie – wen könnte es überraschen? – den guten Ruf verloren, den ihre Ahnen im Krieg erworben hatten.«

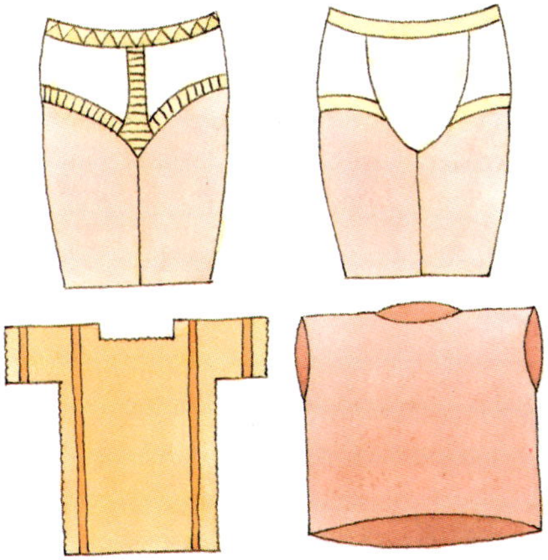

Lendenschurze (oben) und Tuniken (unten). – Bei etruskischen Männern und Frauen war die Tunika eine beliebte Alltagskleidung.

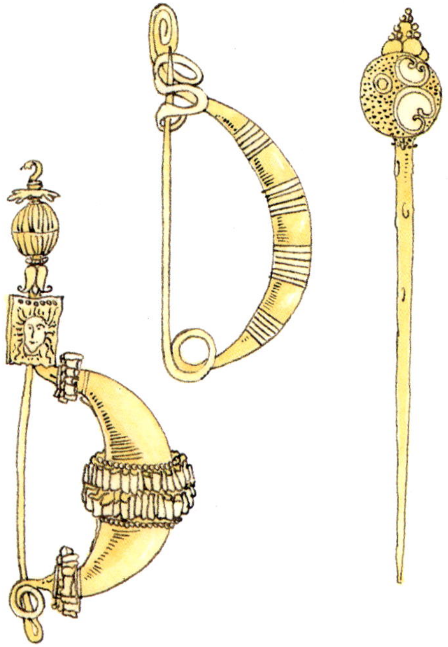

Zwei kunstvolle goldene Fibeln – Spangen zum Schließen von Gewändern – und eine goldene Gewandnadel

Gastmahl bei Kerzenschein und Flötenmusik (siehe S. 45)

Ein üppiges Gastmahl

Es ist Abend. Das Licht vieler Kerzen aus Bienenwachs, die auf hohen bronzenen Ständern brennen, erhellt den Speiseraum. Auf den breiten, mit Decken und weichen Kissen belegten Speisesofas haben es sich die Ehepaare bequem gemacht. Die Frauen tragen nach griechischer Mode faltenreiche Chitonkleider, die unter der Brust mit golddurchwirkten Gürteln zusammengerafft sind. Hauchdünne kurze Schleier, durch Kordelkränze gehalten, zieren ihre Haare. Auch goldene Ohrringe, Halsbänder und Armreifen schmücken die Damen. Die Männer, gehüllt in lange weichfallende Gewänder, tragen Myrtenkränze um den Hals, als Haarschmuck wie ihre Frauen geflochtene Kordelringe.
Ein nackter Jüngling, den der Hausherr von einem Sklavenhändler gekauft hat, schenkt mit eleganten Bewegungen Wein aus einer Karaffe in die Trinkschalen. Für einen Moment verstummt die Flötenmusik, und die Saiten der Kithara schweigen. Mehrere Sklaven tragen niedrige Tische herein und stellen sie vor den Speisesofas ab. Drei Schichten Fladenbrot liegen auf den Tischplatten, darauf allerlei köstlich duftende Speisen: gekochtes Hühnerfleisch, mit Gewürzen angerichtet, Eier, Granatäpfel, die schon aufgeschnitten sind, blaue Weintrauben. Nach diesem ersten Gang wird Pastete serviert, die mit honiggesüßtem Fleisch von Wildenten gefüllt ist. Die Enten hatte der Hausherr auf der Jagd mit der Schleuder erlegt.
Die Speisen munden, und der Wein steigt in die Köpfe. Immer ausgelassener wird die Abendgesellschaft. Die Frauen wedeln sich mit Fächern aus dünnem Bronzeblech Luft zu. Ganz selbstverständlich plaudern sie mit den Männern, fallen ihnen ins Wort, äußern offen ihre Meinung. Die

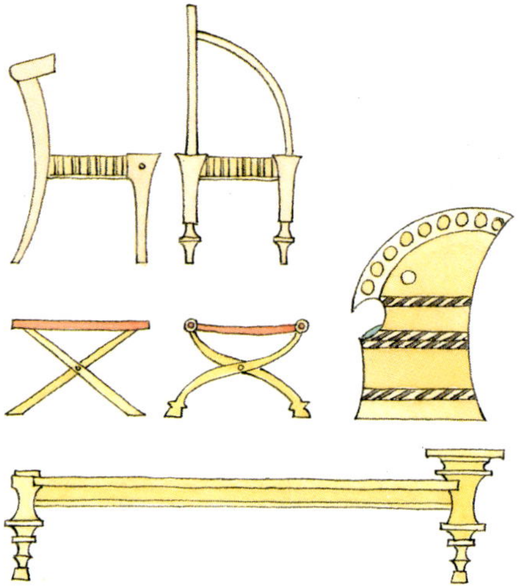

Zwei Stühle, zwei Hocker, ein Sessel und ein Liegesofa

Cottabospiel während eines etruskischen Gastmahls

Griechen schüttelten immer wieder den Kopf, erlebten sie, wie ungezwungen und selbstbewußt sich die etruskischen Frauen bewegten. Bei ihnen fand solche Abendunterhaltung nur unter Männern statt; höchstens die Geliebten, die Hetären, durften daran teilnehmen. Die griechischen Ehefrauen aber mußten sich in ihr Gemach zurückziehen.
Die Musiker spielen nun heftiger auf. Eine schlanke Tänzerin wirbelt durch das Speisegemach. Der Saum ihres leichten Rockes hebt sich bei ihren schnellen Bewegungen. Hoch und elegant sind ihre Sprünge. Mit ihrem Fächer streift sie die Gäste.
Nach dem Auftritt, der viel Beifall findet, lädt der Hausherr zum griechischen Cottabospiel ein. Ein mannshoher Bronzeständer wird aufgestellt, den in der Mitte eine größere Scheibe teilt. Die Spitze des Ständers ziert eine kleine Figur, auf ihrem Kopf ein dünnes bronzenes Scheibchen. Der Spieler liegt, auf den linken Unterarm gestützt, halb aufgerichtet auf dem Speisesofa. Seine ausgestreckte rechte Hand hält den Henkel einer Trinkschale mit Wein. In einigem Abstand vom Fußende des Sofas der Bronzeständer. Für den Spieler gilt es nun, den Wein aus der Trinkschale in hohem Bogen zu spritzen, so daß damit das Scheibchen getroffen wird. Fällt es auf die darunter befindliche Auffangscheibe, ist das Geschicklichkeitsspiel gelungen. Alle männlichen Gäste beteiligen sich daran.
Jedesmal, wenn das Scheibchen auf der Auffangschale klingelt, klatschen die Gäste Beifall. Mißlungene Versuche bringen bedauernde Worte oder ein paar spöttische Bemerkungen ein. Am Ende des Spiels überreicht der Hausherr dem Sieger eine schöne rotfigurige Vase.
Über die etruskischen Tischsitten wußte der Grieche Theopomp, ein Autor von Klatschgeschichten, die man nicht

Tischformen bei den Etruskern

ganz ernst nehmen darf, zu berichten. Im Ton der Entrüstung, weil es bei den Griechen nicht üblich war, wunderte er sich zunächst über das Verhalten der Frauen bei Tisch: »Sie setzen sich zu Tisch nicht an die Seite ihrer eigenen Gatten, sondern zu den ersten besten der Gesellschaft, ja sie trinken auf das Wohl eines jeden, wie es ihnen beliebt.« Und nachdem die Etrusker sich so im Kreise der Gesellschaft oder der Verwandtschaft vergnügt hätten, sei folgendes geschehen: »Wenn sie aufgehört haben zu trinken und sich zum Schlafen niederlegen wollen, bringen die Diener, solange die Lichter noch brennen, manchmal Sklavinnen, manchmal schöne Knaben, manchmal auch die Ehefrauen herein. Wenn sie sich mit ihnen ergötzt haben, dann bringen die Diener junge Leute in den besten Jahren herein. Sie verkehren und tändeln miteinander manchmal vor aller Augen, meistens umgeben sie ihre Liegesofas mit einer aus Zweigen geflochtenen Wand, über die sie ihre Mäntel hängen. Sie haben viel Verkehr mit Frauen, aber noch mehr Freude haben sie am Umgang mit Knaben und jungen Männern!«

Trinkgefäß mit zwei Henkeln (Kantharos) aus dem 6. Jh. v. Chr.

Spiele und Athleten

Bronzener Kopf eines Widders (aus Cisra, um 500 v. Chr.). Er war am vorderen Ende einer Wagendeichsel befestigt.

Leicht geduckt, mit den Händen die hinter dem Rücken verknoteten Zügel straff haltend, warten die Wagenlenker auf das Startzeichen. Da, das Trompetensignal. Zügel locker und Peitschenknall.

Die einachsigen, von schlanken Pferden gezogenen Gespanne stürmen los. Staub wirbelt auf. Die Mähnen fliegen, die Speichenräder erscheinen durch die hohe Geschwindigkeit wie goldschimmernde Scheiben. Runde um Runde drehen die Wagen.

Dann aber neigt sich eines der Gespanne in der Kurve gefährlich nach links, saust nur noch auf einem Rad, kippt. Zügellos schleifen die Pferde den umgestürzten Einachser über die Bahn. Zuschauerinnen halten sich entsetzt die Hände vor die Augen.

Das Rennen geht weiter... Die ersten Wagen haben die Zielgerade schon fast erreicht. An der Spitze ist ein Zweikampf entbrannt. Auf den letzten hundert Schritten schiebt sich eines der Gespanne um die Länge eines Pferdehalses nach vorn. Es kann seinen Vorsprung ausbauen und passiert als erstes die Ziellinie.

Die Zuschauer jubeln dem Sieger zu. Er ist ein junger Adliger. Erschöpft wischt er sich den Schweiß von der Stirn, tätschelt, nachdem er abgestiegen ist, die Nüstern seiner Rösser. Ihm und seiner Familie gebührt der Ruhm des Sieges.

Das Rennen ist nur der Auftakt zu dem großen Spiel, das der Stadtherr und Oberpriester zu Ehren der Götter veranstalten läßt. Von der hölzernen, mit einem Sonnensegel überspannten Zuschauertribüne, auf der die vornehmen Familien Platz genommen haben, gibt er das Zeichen für den Beginn der anderen Wettkämpfe.

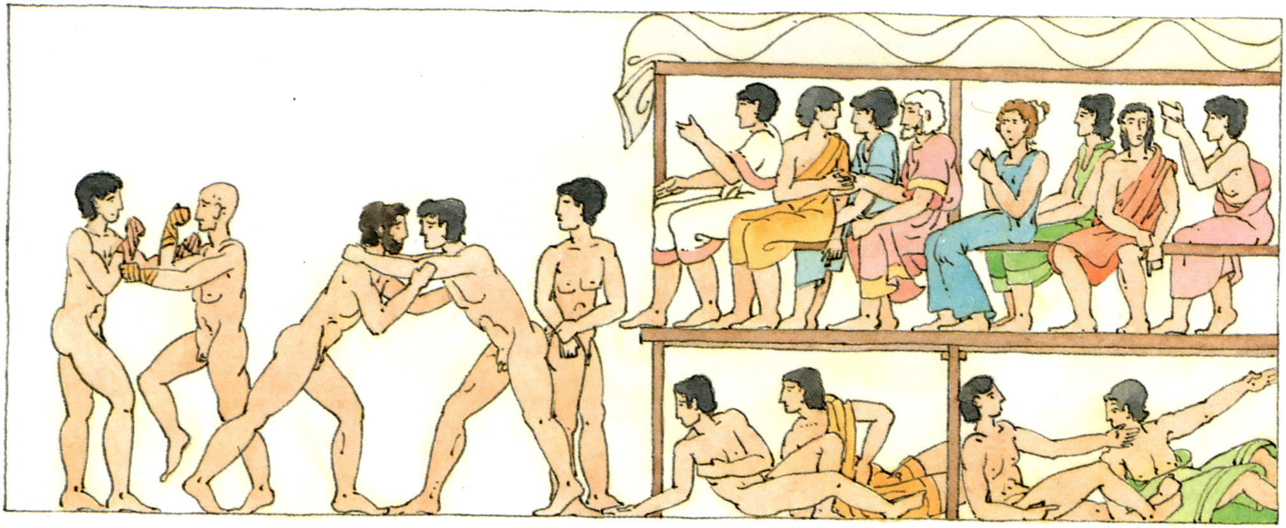

Athletische Wettkämpfe, beobachtet von Zuschauern auf Tribünen, die aus Holz gezimmert waren (nach einer etruskischen Grabmalerei). – Der Baldachin über den Tribünen soll vor der Sonne schützen. Oben, wo man am besten sehen kann, sitzen die Herrenfamilien, zu ebener Erde ihre Haussklaven. Die Speerkampfszene zeigt links einen Priester, der wohl zugleich Kampfrichter ist.

Schiedsrichter, in farbige Mäntel gehüllt und mit Krummstäben in der Hand, begeben sich an die verschiedenen Austragungsorte auf dem großen Sportfeld. Auch die Athleten sammeln sich dort und lassen sich für die bevorstehenden Kämpfe einteilen. Ihre eingeölten muskulösen Körper glänzen in der Sonne.

Faustkämpfer, deren Hände und Unterarme mit Lederriemen umwickelt sind, schlagen aufeinander ein. Ihr Kampf ist erst beendet, wenn einer erschöpft niederfällt oder aufgibt. Ringer suchen sich mit Kraft und geschickten Griffen gegenseitig zu Boden zu drücken. Springer mit einem langen Stab laufen an, setzen ein Ende des Stabes auf und schleudern sich in hohem Bogen viele Schritte weit. Genau vermißt ein Gehilfe des Schiedsrichters den Abstand zwischen Ab- und Aufsprung. Immer schneller dreht sich ein anderer Athlet um seine Körperachse und wirft mit ausgestrecktem Arm den Diskus von sich. Unmittelbar vor der Zuschauer-

tribüne startet eine größere Gruppe bewaffneter Läufer – gerüstet mit Helm, Schild, Schwert und Lanze – zu einem Hindernisrennen.
Am Rande des Sportfeldes, auf dem Rasen, sitzen die einfachen Leute und verfolgen die Wettkämpfe. Viele trinken dabei mitgebrachten Wein und verzehren ihre Fladenbrote. Etwas weiter weg liegen im Schatten der Bäume Liebespaare und umarmen sich.
Auf einer Wiese neben dem Sportfeld ist inzwischen eine Art Labyrinth abgesteckt worden: eine verwinkelte Rennbahn mit kurzen und langen Abschnitten. Jeweils drei Reiter starten zur gleichen Zeit. Es kommt darauf an, ohne die Bahn zu verlassen, mit dem Pferd so schnell wie möglich die kurvenreiche Strecke zu passieren.
Der Athletenwettstreit dauert bis zum Abend. Dann schreitet der Stadtherr zur feierlichen Siegerehrung. Bronzene Pokale erhalten die Ersten für ihre Mühen. Zum Abschluß

Einachsige Rennwagen vor dem Start. Nach einem etruskischen Relief

wird ein Waffentanz aufgeführt. Flötenspieler begleiten den Auftritt auf ihren Instrumenten. Rhythmisch schlagen die Tänzer ihre Schilde aneinander, gehen zu Scheinangriffen über, suchen Deckung, lassen sich abrollen. Stampfend und springend tanzen sie verschlungene Kreise. Zwei Tänzer, mit roten Federbüscheln auf ihren Helmen, ahmen einen Zweikampf nach. Und mit einem kriegerischen Lied, das die anderen dazu singen, klingt das große Spiel aus.

Wo die Toten wohnen

Vor den Toren der Etruskerstädte lagen schweigend die Stätten der Toten, die Friedhöfe. Hunderte und aber Hunderte kleinerer und größerer Hügel, in deren Innerem sich die Grabkammern befanden, erhoben sich hier.

Die Etrusker waren überzeugt, daß die Menschen nach ihrem Tode weiterleben. In der Unterwelt, bei den Totengöttern und Geistern, sollte ihnen deshalb nichts fehlen, was sie im Leben umgeben hatte. So waren besonders die Gräber vornehmer etruskischer Familien prächtig ausgestattet, sie erinnerten in vielem an das Dasein der Verstorbenen zu ihren Lebzeiten.

War eine Etruskerin aus wohlhabendem Hause gestorben, so legte man sie in ihrem schönsten Kleid auf das Totenbett, kämmte ihr Haar und schmückte sie mit Ohrringen, Halsketten und Armreifen. In der Grabkammer stellten die Trauergäste neben dem Totenbett Gegenstände ab, die die Verstorbene im Leben benutzt hatte: Vasen, Trinkschalen oder Karaffen, Salbgefäße und Parfümfläschchen. Auch Bratspieße, Kupferkessel, Schmortöpfe und andere Küchengeräte fehlten nicht.

Viele Gräber waren wie die Innenräume eines Hauses gestaltet. Mehrere Durchgänge führten von einem Zentralraum in Nebenräume, die die Schlafgemächer nachahmten. Hier ruhten auf steinernen Betten die verstorbenen Familienangehörigen. Sie lagen auch in Stein- oder Tonsärgen, deren Deckel Vollplastiken der Verschiedenen in ruhender Haltung zierten.

Oft waren die Wände mit Malereien dekoriert, die den Hausrat des Toten, den er im Leben benutzt hatte, abbildeten. So auch in einem Familiengrab, wo ein Mädchen namens

Charun, der Todesdämon (nach einer Grabmalerei, Fragment aus Tarchna, 3. Jh. v. Chr.). Dieses furchteinflößende Wesen ist dargestellt mit Flügeln, hat eine große gebogene Nase, einen kurzen Bart und spitze Tierohren. Als Symbol des Todes hält dieser Dämon einen großen Hammer in der Hand. Darstellungen des Charun sind uns aus vielen etruskischen Gräbern überliefert. Oft ist seine Haut blauschwarz gemalt – gleich der Farbe verwesender Körper.

Schnitt durch einen Grabhügel (Tumulus) – Rekonstruktion. In der Mitte der kuppelförmige Grabraum, dessen oberer Schlußstein von einer Steinsäule gehalten wurde. Dort waren Aschenurnen und Grabbeigaben untergebracht. Links daneben ein Vorraum mit zwei sich gegenüberliegenden Kammern. In das Grabinnere führte ein langer Gang.

Ramta Matunai Canatnei bestattet wurde. An eine Wand des Grabraumes war eine Truhe gemalt, mit einem sorgfältig gefalteten Wäschestück darauf, des weiteren Halsbänder, ein Fächer mit einem langen Stiel, Sandalen und eine niedrige Fußbank. Das Mädchen war die Tochter eines kriegerischen Vaters. Daher zeigten die Wandmalereien auch allerlei Kriegsgerät: Helme, Schwerter, Lanzen, Beinschienen, Rundschilde, ebenso wie sie im elterlichen Haus, wo die Verstorbene bis zuletzt lebte, an den Wänden des Empfangszimmers hingen.

Die Malereien in den Grabräumen wohlhabender etruskischer Familien glichen oft »Gemäldegalerien«. Szenen von

Banketten, Jagden, Pferderennen, Ring- und Faustkämpfen oder aus alten Sagen leuchteten in kräftigen Farben von den Wänden.
War ein Etrusker oder eine Etruskerin aus sehr angesehener Familie beigesetzt worden, gaben die Angehörigen ein aufwendiges Totenfest. Neben Pferderennen und athletischen

Aschenkiste aus Ton mit Aufsatz in Hausform. Diese Urne zur Beisetzung der Totenasche stammt aus Clevsin (3.–2. Jh. v. Chr.).

Etruskische Aschenkiste aus Ton. Der Deckel zeigt die Plastik des Toten, die reliefgeschmückte Vorderseite der Aschenkiste eine Kampfszene.

Ein gefesselter Mann, der beim Phersu-»Spiel« dem Kampf mit einem blutrünstigen Hund erbarmungslos ausgeliefert ist

Wettkämpfen gehörte manchmal ein sehr grausames Spiel dazu:

Ein als Todesdämon Phersu verkleideter Mann mit großem Hut und Maske trat auf. Er hielt einen nur mit Lendenschurz bekleideten Mann straff an der Leine, die sich mehrfach um dessen Körper schlang. Über den Kopf des so Gefesselten war ein Sack gestülpt. Ein blutrünstiger Hund griff ihn fortwährend an, biß sich in seinen Armen und Beinen fest. Der Unglückliche konnte nur versuchen, das wütende Tier mit einer Keule abzuwehren, wenn es ihn ansprang. Da aber die Leine seine Bewegungen behinderte und der Blick verhüllt war, hatte er wenig Chancen, den geschickt ausweichenden Hund zu treffen. Der Mann wurde meist das Opfer des ungleichen Kampfes.

Möglicherweise bestraften die Etrusker auf diese Art Übeltäter oder besiegte Feinde. Vielleicht hatten sie dabei die Vorstellung, daß das in die Erde sickernde Blut des Opfers dem Bestatteten neue Kraft für sein Leben in der Unterwelt verleihen könne.

Später führten die Römer ihre Gladiatorenkämpfe, bei denen sich bewaffnete Sklaven auf Leben und Tod in der Arena begegneten, auf eine Sitte der Etrusker zurück. Danach hätten die Etrusker bei Begräbnisfeierlichkeiten Kriegsgefangene so lange gegeneinander kämpfen lassen, bis einer von ihnen getötet wurde.

Begräbniszeremonie in der Grabkammer für eine vornehme Etruskerin (siehe vorhergehende Doppelseite). – Im Süden Etruriens herrschte Körperbestattung vor, im Norden Leichenverbrennung.

Die Schicksalsbücher des Tages

Vor langer Zeit, so erzählten sich die Etrusker, hatte ein Bauer die Pflugschar tief in die Erde gesenkt. Aus der Ackerfurche sprang, sehr zum Erschrecken des Landmannes, ein göttliches Wesen. Es sah aus wie ein Kind und war mit der Weisheit eines Greises begabt. Der Bauer schrie so laut, daß Leute aus ganz Etrurien zusammenliefen. Mit großen Augen staunten sie das Wesen an, das auf den Namen Tages hörte, und lauschten aufmerksam seinen Worten. Einige setzten sich an den Ackerrain und schrieben das Gehörte mit.

Auf diese Aufzeichnungen, behaupteten die etruskischen Priester, gingen heilige Bücher auf Leinenrollen zurück, die in Tempeln und in Archiven adliger Familien lagerten. Wer diese Schriften zu lesen und zu deuten vermochte, der erfuhr, wie man die Zeichen der Götter erforschen könne, der wußte, mit welchen Taten man Götter wohlgesinnt, mit welchen zornig stimme.

Manche Bücher erklärten, was Blitze zu bedeuten haben. Die Etrusker meinten nämlich, Blitze würden nicht zufällig am Himmel zucken, sondern seien Zeichen göttlichen Willens. Um einen Blitz zu deuten, war zunächst zu erkunden, aus welcher Region des Himmels er kam. Dazu unterteilte man die Himmelskuppel in sechzehn Teile. Jeder einzelne Himmelsabschnitt war einer bestimmten Gottheit zugeordnet. Die himmlischen Götter wie Tinia oder Uni sandten ihre Blitze aus nordöstlicher Richtung. Gottheiten der Erde und der Natur schleuderten ihren Blitzstrahl aus südlichen Regionen. Aus nordwestlicher Richtung blitzte es, wenn die Götter der Unterwelt und des Todes ihren Willen verkündeten.

Ein Priester – auch Haruspex genannt. In der Linken hält er einen Krummstab als Zeichen seiner Würde. – Die etruskischen Haruspices waren Priester, die besonders aus den Eingeweiden der Opfertiere (vor allem der Leber) das jeweilige durch göttlichen Willen bestimmte Schicksal weissagten.

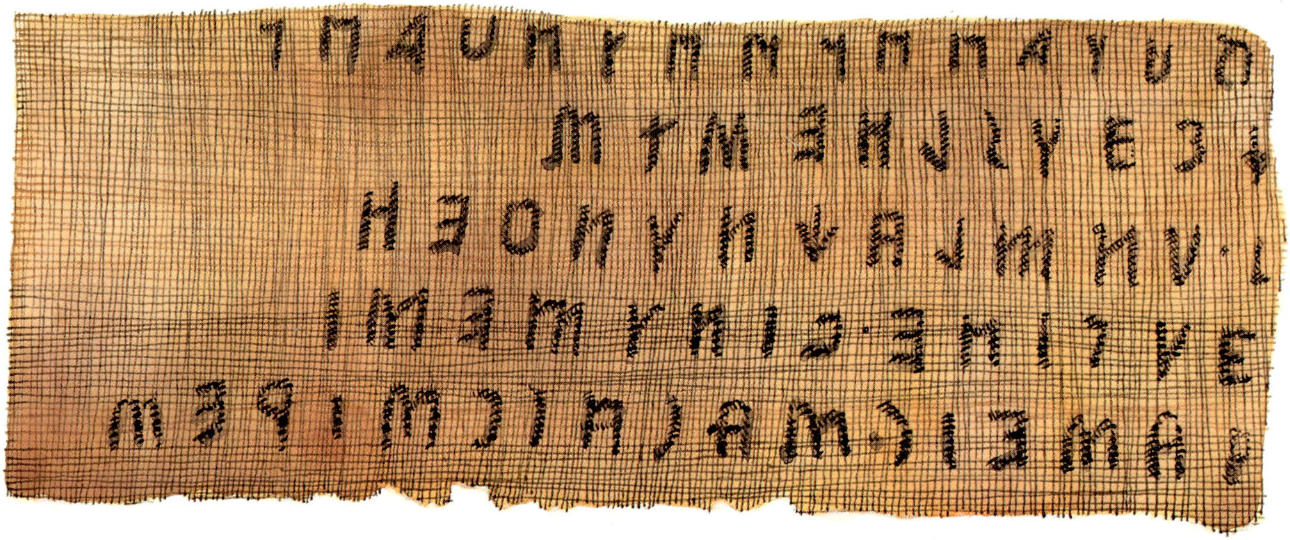

Stoffstreifen mit etruskischen Schriftzeichen – Teil eines Leinenbuches mit Vorschriften, wann und wie die Gebete an die Götter zu richten sind. Der Text wurde etwa im 5. Jh. v. Chr. verfaßt, das Buch selbst ist jünger. Als das Etruskische außer Gebrauch kam, riß man das Leinenbuch in Streifen, um darin eine Mumie einzuwickeln. Auf diese Weise ist es erhalten geblieben.

Als besonders glückbringend galten Blitze, die die himmlischen Götter schickten. Unheil war zu erwarten bei Blitzen von Unterwelt- und Todesgöttern. Kompliziert wurde die Deutung dieser Götterzeichen allerdings, wenn sie gleichzeitig aus verschiedenen Richtungen kamen oder unterschiedliche Färbung aufwiesen. Noch schwieriger war es, Blitze zu erklären, die an ihren Ausgangsort zurückkehrten oder in Bäume einschlugen. Auf all das fanden die Priester in den heiligen Büchern des Tages eine Antwort.
Andere Schriften gaben Auskunft, was aus den Eingeweiden geschlachteter Opfertiere über den Götterwillen zu entnehmen sei. Eine Schafleber zum Beispiel galt nicht nur als ein Stück Fleisch, sondern als ein Körper, der voller göttlicher Zeichen steckte. Wie den Himmel dachten sich die Etrusker auch die Leber in viele Abschnitte gegliedert, in denen die Götter ihre Nachrichten hinterlassen hätten. War die Oberfläche der Leber völlig normal, so verhieß das ein günstiges

Geschick. Sobald der Priester Unregelmäßigkeiten sah oder ertastete, war herauszufinden, in welchem göttlichen Abschnitt der Fehler lag. Die Bücher gaben an, was dieses Zeichen für das Schicksal der Menschen verkündete.
Damit nicht genug. Nicht nur Blitzbeobachtung und Eingeweideschau offenbarten die Absichten der Götter. Auch der Flug von Vögeln, das Schlagen ihrer Flügel, der Platz, wo sie sich niederließen, die Richtung, aus der sie kamen, verrieten den göttlichen Willen.

Bronzenes Modell einer Schafsleber (2. Jh. v. Chr.). Der Innenbereich ist in 40 Abschnitte eingeteilt. In jeden Abschnitt ist der Name einer bestimmten Gottheit eingeritzt. Das Lebermodell diente zu Lehrzwecken. Außer der Leber untersuchten die etruskischen Priester auch Lunge, Milz und Herz des Opfertieres.

Die Rückseite dieses Bronzespiegels aus Velc (4. Jh. v. Chr.) zeigt einen geflügelten Gott, der die Leber eines Opfertieres untersucht.

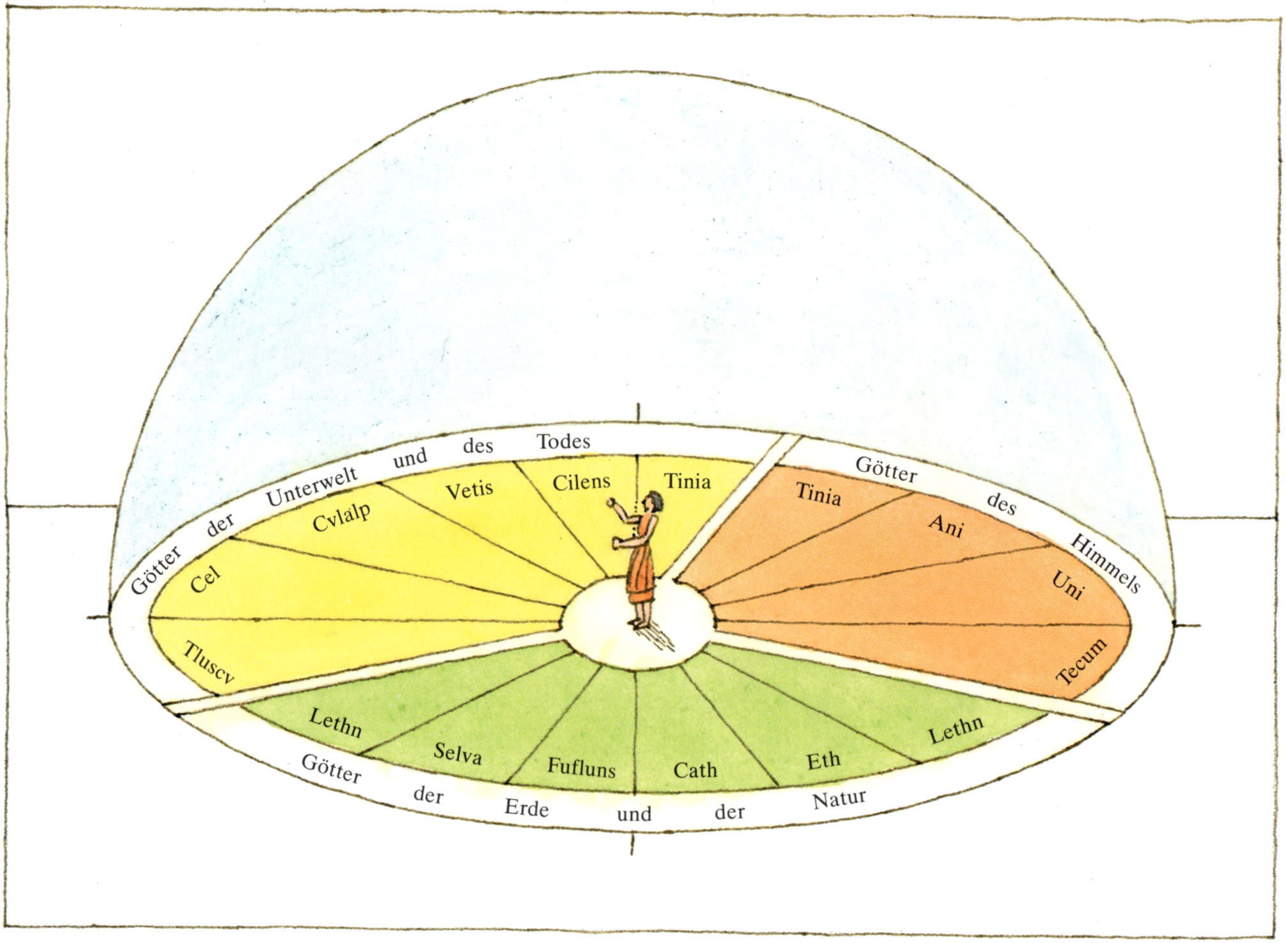

Aus diesem Schema ist zu sehen, wie sich die etruskischen Priester den Himmel von Göttern bewohnt vorstellten. Die hier dargestellte Himmelskuppel war in drei Regionen aufgeteilt und diese wiederum in Abschnitte (insgesamt 16) für den jeweiligen Herrschaftsbereich der verschiedenen Götter.

Überhaupt konnte in allem, was die Etrusker umgab, eine göttliche Botschaft verborgen sein. So hieß es: Wilde Birnen oder schwarze Feigen soll man sofort verbrennen, wenn sie im Garten wachsen, denn diese Pflanzen haben die todbringenden Götter gesandt. Ein Schwarm Bienen, der sich auf dem Marktplatz niederläßt, oder Mäuse, die eine Götter-

statue zernagen, lassen für den Ausgang eines Kriegszuges nichts Gutes ahnen.
Regengüsse, Hagel oder auch Erdbeben deutete man ebenso als Mißstimmung der Götter. Ein ganzes Buch schrieben etruskische Priester allein über den Gewitterdonner. Für jeden Tag des Jahres war darin vorhergesagt, was geschieht, wenn es donnert. Grollt es in den Wolken am 3. Dezember, werden die Menschen, weil die Fischer keinen Fang haben, ihre Herden zu schlachten beginnen. Lärmt der Himmel am 26. März, wird es bald im Hafen Sklaven zu kaufen geben.
Bei soviel Glauben an die Götter begannen die Etrusker kaum ein Werk, ohne sich göttlicher Zustimmung zu versichern. Welche Vorschriften dabei zu beachten waren, hatte sie ebenfalls der göttliche Tages gelehrt:
Einen Tempel ohne Altar durfte man nicht ohne Erlaubnis der Götter zu bauen anfangen. Lange vorher mußte der Priester den Flug der Vögel beobachten, die Eingeweide prüfen. Dann hieß es, den Baugrund mit Wollbinden abzugrenzen und sorgfältig mit frischem Quellwasser zu reinigen. Wehe, es blieb etwas unbeachtet, geschah außerhalb der vorgesehenen Reihenfolge, die Stätte würde nicht als heilig gelten.
Auch der Bau eines Kanals, die Gründung einer Stadt, die Aufstellung des Heeres oder der Beginn einer Gerichtssitzung waren ohne solche Riten undenkbar.
Viele Jahrhunderte später beschrieb der weise Römer Seneca, der in den etruskischen Priesterbüchern gelesen hatte, den Unterschied zwischen seiner Art, die Welt zu betrachten, und der etruskischen: »Wir glauben, daß die Blitze durch den Zusammenstoß der Wolken entstehen; sie glauben, daß die Wolken zusammenstoßen, damit die Blitze entstehen; denn da sie alles auf Gott zurückführen, sind sie der

Bruchstück eines bronzenen Wagenbeschlags aus Perusia (6. Jh. v. Chr.). Darauf ist Zeus (links) im Kampf mit einem Giganten dargestellt. In der Rechten hält dieser Gott das Symbol des Blitzes. Zeus, höchster Gott der Griechen, wurde von den Etruskern mit ihrem obersten Gott Tinia gleichgesetzt.

Bruchstück eines Tellers aus dem Hafen Pyrgi. Der Name der Göttin Uni ist darauf (im Uhrzeigersinn) zu lesen.

Meinung, daß die Dinge nicht etwas bedeuten, weil sie geschehen, sondern, daß sie geschehen, weil sie etwas bedeuten sollen...«
Das jedoch hinderte die Römer zu keiner Zeit, respektvoll den Ratschlägen etruskischer Priester zu folgen. Waren schwerwiegende Entscheidungen zu treffen, so rief sie der römische Senat herbei, um die göttlichen Vorzeichen zu deuten. Auch römische Feldherren, Beamte und später die Kaiser ließen sich von ihnen beraten. So wird erzählt, daß sich eines Tages ein Specht auf dem Haupt eines römischen Gerichtsherrn niederließ, als er gerade dabei war, eine Verhandlung zu führen. Eilig wurden die weissagenden Priester herbeigeholt. Rom ist in Gefahr, wenn man den Specht weiterfliegen läßt, sagten sie. Tötet man den Vogel, drohe dem Gerichtsherrn ein Unglück. Der Beamte, der seine Vaterstadt retten wollte, ergriff den Specht und zerriß ihn. So sei dank der etruskischen Weissagungskunst Unheil von der Stadt abgewendet worden. Der Gerichtsherr aber verlor viele Verwandte in der Schlacht mit den Feinden Roms.

Eine Welt voller Götter

Allgegenwärtig sind die Götter, so glaubten die Etrusker. Vergiß niemals, sie zu ehren.
Huldige Tinia, dem mächtigen Herrn des Himmels. Er hat, als die Welt aus dem formlosen Durcheinander, dem Chaos, entstand, die Grenzen der Städte und Äcker bestimmt. Er gab unseren Stadtstaaten ihre Ordnung. Und wisse, er ist zwar der höchste Gott, doch will er einen gefährlichen Blitz auf die Erde senden, muß er stets andere Götter um Erlaubnis fragen.
Siehst du Schwan oder Taube, so denke daran, es sind die heiligen Tiere der Göttin Turan. Mit einer Blüte in der Hand schwebt sie durch die Luft, sie bringt die Liebe und die Fruchtbarkeit. Opfere ihr zu Ehren ein Lamm.

Die geflügelte Turan – Göttin der Liebe und Fruchtbarkeit – mit zwei Knaben, abgebildet auf der Rückseite eines Bronzespiegels (um 500 v. Chr.). Die Etrusker benannten den Monat Juli nach dieser von ihnen hochverehrten Göttin.

So stellten sich die Etrusker ihren Sonnengott Cath vor – Darstellung auf einem Bronzebeschlag, der an der Vorderseite eines Streitwagens befestigt war (um 500 v. Chr.).

Oder schau zum Himmel. Die Sonne dort, die Licht und Wärme spendet, ist der Strahlenkranz, der den Gott Cath umgibt. Jeden Morgen entsteigt er weit im Osten dem Meer und tritt seine Bahn an. Vorher verkündet Thesan, die Göttin der Morgenröte, sein Kommen. Willst du, daß deine Weinpflanzungen gedeihen, bete zu Cath.
Fürchtest du dich im Krieg, sei unverzagt. Laran, der Lanzenschwinger, ist mit dir. Er führt dein Schwert in der Schlacht.
Und soll dein Leben zu Ende gehen, so wird dir Calu, der Totengott, erscheinen. Ein grimmiger Wolf begleitet ihn. Sein geiergesichtiger Helfer, der Dämon Charun, schleppt dich ins ewige Reich der Toten. Gib, bevor du stirbst, deinen Verwandten auf, den Totengöttern regelmäßig Speise- und Trankopfer darzubringen. Dann wird es dir in der Unterwelt wohl ergehen.
Tinia wie Turan, Laran wie Calu waren sehr alte Gottheiten, die die Einwanderer aus dem Osten des Mittelmeeres nach Etrurien gebracht hatten. Die Unterwerfung italischer Stämme, das Zusammenleben mit ihnen führten jedoch dazu, daß auch italische Gottheiten Einzug in die etruskische Götterwelt hielten.
Uni hieß eine solche Gottheit. Zu ihr flehten die schwangeren Frauen vor der Geburt, sie möge ihre schützenden Hände über sie halten. Uni galt auch als Schirmherrin der Städte. Viele Heiligtümer beherbergten ihre Statuen. Sie standen dort unter säulengestützten Dächern, angetan mit einer Rüstung, ein Ziegenfell auf dem Haupt. Ebenso italisch waren Selvans, der Herr der Wälder, oder Nethuns, der Gott der Quellen und Flüsse.
Mit den Weinamphoren und Handwerkern aus Griechenstädten kamen auch griechische Göttervorstellungen nach

Opferzeremonie vor einem Tempel *(siehe S. 67)*

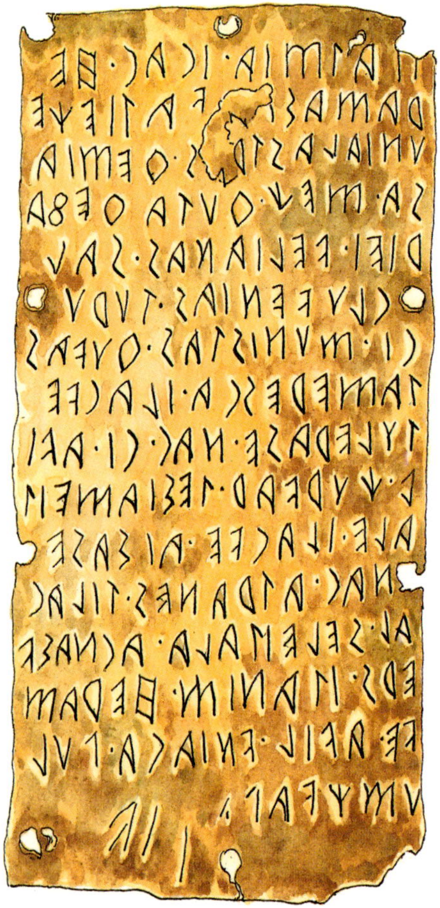

Eines von den drei Goldblechen, die im Hafen Pyrgi an der Wand des Tempels der Göttin Uni angebracht waren (um 500 v. Chr.). Sie tragen eine gleichlautende Weihinschrift in etruskisch und in punisch (der Sprache der Karthager oder Punier, wie sie von den Römern genannt wurden). Die zweisprachige Inschrift half beim Übersetzen etruskischer Wörter.

Etrurien. Apollon, der Gott der Weisheit, der Musik, des Tanzes und der Medizin – er besaß in Griechenlands Delphi einen berühmten Tempel – wurde als Apulu verehrt. Heiligtümer waren ihm besonders in Hafenstädten, wo griechische Seeleute ihre Schiffe festmachten, errichtet. Auch an der göttlichen Schwester des Apollon, Artemis, fanden die Etrusker Gefallen. Herakles, der keulenschwingende Griechengott mit dem Löwenfell, war gleichfalls beliebt. Seine erfolgreichen Kämpfe mit Ungeheuern, seine Kraft und sein Wagemut ließen ihn zu einem Schutzgott werden, der Unheil verhütet.

Viele Götter verehrten die Etrusker in Tempeln. Diese Götterhäuser standen meist auf kleiner Anhöhe, damit sie von jedermann, der göttlichen Ratschlag oder Trost suchte, gesehen werden konnten. Über eine breite Treppe gelangte der Tempelbesucher in die Vorhalle. Ihr Dach bot Schutz vor Sonne und Regen. Vier mächtige hölzerne Säulen stützten es. Im Innern des Tempels stand die Götterstatue.

Oft versammelte sich hier das Volk, um den Göttern zu opfern. Trompeten erklangen. Gehilfen des Priesters führten einen wohlgenährten, sauber glänzenden Stier zum Altar. Der Priester zückte sein Messer und schlachtete das Tier. Das Blut wurde in Schalen aufgefangen und über den Altar geschüttet. Nachdem die Eingeweide des Tieres untersucht waren, verbrannte man auf dem Altar die besten Fleischstücke. Sie wurden der Gottheit geweiht.

So meinten die Etrusker, die Götter günstig zu stimmen für das Geschick der Stadt, die Fruchtbarkeit der Felder, den Erfolg eines Feldzuges.

Schatten über Etrurien

Einst hatte das etruskische Geschlecht der Tarquinier die Königsherrschaft in einer Dorfsiedlung am Flusse Tiber errungen. Unter ihrer Leitung wurde aus dem Dorf, in dem Latiner und Sabiner wohnten, eine Stadt mit gepflasterten Straßen, Tempeln und einem Marktplatz. Die Etrusker nannten sie Ruma, woraus der Name Rom wurde.
Doch nach über einhundert Jahren etruskischer Herrschaft wagten die Adligen Roms einen Aufstand. Sie vertrieben den König und nahmen die Macht in ihre Hand. Sie gründeten die römische Adelsrepublik. Und auch Porsenna, König der Etruskerstadt Clevsin, der noch einmal Rom mit seinen Mannen eroberte, wurde nach kurzer Zeit verjagt. In vielen Feldzügen machten sich die Römer nun daran, Völker zu unterwerfen, die südlich des Tiber wohnten.
Auf diese Weise stark geworden, wagten sie es eines Tages auch, den Tiber zu überschreiten und die reiche Etruskerstadt Veia anzugreifen. Diese Stadt, nur einen halben Tagesmarsch von Rom entfernt, kontrollierte das untere Tal des Tiber. Sieben befestigte Dörfer soll sie dort zu diesem Zweck errichtet haben. Auch die Stätten zur Gewinnung von Meeressalz an der Mündung des Tiber sollen ihnen gehört haben. Das war natürlich dem erstarkenden Rom ein Dorn im Auge. Zunächst sandte es erfolgreich seine Legionen gegen zwei verbündete Städte Veias. Dann wandten sich die Römer Veia selbst zu.
Zehn Jahre lang, so erzählt der römische Geschichtsschreiber Titus Livius, belagerten römische Legionen die Stadt. Denn jeder Angriff auf die Mauern war vergebens. Dem römischen Feldherrn Furius Camillus wurde immer klarer: ohne eine List ist Veia nicht zu nehmen.

Bruchstück von einem Tempelgiebel aus Falerii (5. Jh. v. Chr.). Es zeigt einen Krieger in Kampfhaltung.

Helm eines etruskischen Kriegers, der an der Seeschlacht bei Kyme im Jahre 474 v. Chr. teilgenommen hatte. In diesem Gefecht siegten die griechischen Syrakusaner über die Etrusker. Der Sieg leitete den Niedergang der etruskischen Seeherrschaft ein. Der Helm wurde in Olympia gefunden. Er trägt die Inschrift: »Hieron, der Sohn des Deinomenes, und die Syrakusaner dem Zeus, von den Tyrrhenern bei Kyme«. Das heißt: Hieron, der Stadtherr von Syrakus, und die Bewohner seiner Stadt haben diesen bei Kyme von den Tyrrhenern (den Etruskern) erbeuteten Helm dem Zeus in Olympia geweiht.

Da berichteten seine Kundschafter, daß sie etwas ungeheuer Wichtiges entdeckt hätten: einen alten verschütteten Abflußkanal, der vom Fuße des Berges, auf dem Veia lag, vermutlich ins Stadtinnere führte. Camillus ließ daraufhin unentwegt graben – das Unternehmen gelang: Ein unterirdischer Gang, der in einen Tempel Veias mündete, wurde freigelegt.

Livius erzählt weiter: Mitten im Tempel, wo der König ein Opfer zelebrierte, brachen römische Soldaten plötzlich aus dem Boden hervor. Ein etruskischer Priester hatte gerade verkündet, derjenige werde den Sieg erringen, welcher die Leber des Opfertieres den Göttern darbringt. Noch im gleichen Moment raubte ein römischer Soldat die Leber, um sie seinem Befehlshaber Camillus zu überbringen. Die anderen römischen Krieger stürmten in Richtung Stadtzentrum und überrumpelten die Wachmannschaften an den Toren. Sie stießen die Eingänge auf, und das römische Angriffsheer ergoß sich in die Stadt.

Roms Soldaten töteten jeden, den sie antrafen. Dann begann die Plünderung. Soviel sie tragen konnten, schleppten die Römer heraus: Götterstatuen, Rüstungen, kostbare Möbel und Gewänder, Münzen. Alle überlebenden Bewohner ließ Camillus in die Sklaverei verkaufen. Auf dem eroberten Land siedelten sich römische Bauern an.

Das geschah im Jahre 396 v. Chr. Wohl niemand in den anderen Etruskerstädten ahnte, welche Gefahr damit heraufgezogen war. Denn das Ende Veias war für die Etrusker der Beginn eines langen, nicht mehr aufzuhaltenden Niederganges. Im Laufe von nur eineinhalb Jahrhunderten fiel ein etruskischer Stadtstaat nach dem anderen an die Römer. Die überlegenen römischen Legionen nutzten dabei die Uneinigkeit der Etruskerstädte.

Sturm auf eine mauerumgürtete etruskische Stadt (siehe S. 71)

Diese Bronzeplastik der Chimäre (4. Jh. v. Chr.), eines griechischen Fabelwesens (vorn Löwe, in der Mitte Ziege; hinten Schlange), gehört zu den Meisterleistungen etruskischen Kunsthandwerks.

Zu diesem Ende trugen aber auch andere Völker bei. Zuallererst die Griechen von Syrakus auf Sizilien. Sie hatten schon ein Menschenalter vor dem Fall Veias eine Flotte ihrer alten Feinde in Süditalien bei der Stadt Kyme besiegt. Nun plünderten die Syrakusaner Hafenstädte wie Pyrgi und Fufluna und vertrieben etruskische Siedler von den Inseln Elba und Korsika. Im Süden, in Kampanien, drangen samnitische Bergvölker in die Etruskerstädte ein. Im Norden Italiens eroberten Gallier, die über die Alpen gezogen waren, die Poebene.

Endgültig wurde das Schicksal der Etrusker im Jahre 265 besiegelt. Die Römer unterwarfen Volsinii, den letzten freien Stadtstaat. Ein römischer Geschichtsschreiber berichtet, daß in Volsinii ein Aufstand von Sklaven gegen die wohlhabenden Etruskerfamilien ausgebrochen war. Die Herrenfamilien fürchteten so sehr um ihren Einfluß, daß sie die Römer um Hilfe anflehten. Und die ließen nicht lange auf sich warten. Ihre Legionen stürmten Volsinii. Die Aufständischen wurden getötet, die Stadt dem Erdboden gleichgemacht. Die überlebende Bevölkerung übersiedelte man an einen anderen Ort. Nach Rom brachten die Sieger zweitausend Bronzestatuen als Beute mit und den Kult des großen etruskischen Bundesgottes Voltumna.

Nur noch einmal sollten die Etrusker Hoffnung schöpfen. Hannibal, der Karthager, war von Spanien aus mit seinem Heer über die Alpen gezogen, um die Römer in die Knie zu zwingen. Auch einige Etruskerstädte nutzten die Gunst der Stunde und entledigten sich der Römer. Doch die Freiheit währte nur kurz. Hannibal mußte Italien verlassen und wurde vom römischen Heer im Jahre 202 im Norden Afrikas geschlagen. Die römischen Sieger straften die untreuen Etrusker grausam.

Unter der Römerherrschaft lebten Etruskerstädte, die nicht zerstört worden waren, noch eine geraume Zeit weiter. Doch war es ihnen versagt, mit anderen Völkern Bündnisse zu schließen. Statt über ihren Reichtum selbst zu bestimmen, mußten sie Hilfstruppen, Proviant und Ausrüstungen für die Eroberungskriege Roms stellen, das im Laufe weniger Generationen fast das ganze Mittelmeergebiet unterwarf.
Kraft ihres Siegerrechts siedelten sich Römer in den etruskischen Stadtgebieten an. Immer mehr weitete sich dort römischer Einfluß aus, so daß die etruskische Sprache nach und nach durch das Lateinische der Eroberer verdrängt wurde. Einige etruskische Herrenfamilien erhielten als Lohn für ihre gute Zusammenarbeit mit Rom sogar das Bürgerrecht dieser Stadt. Zwei Menschenalter nach dem Fall Volsiniis wurden schließlich alle Etrusker zu römischen Bürgern.
Damit war die Geschichte der Etrusker zu Ende. Sie ging auf in die große Geschichte des Römerreiches.

Worterklärungen

Amphora: (griech. »Doppelträger«) zweihenkliges, bauchiges Gefäß, meist aus Ton; bevorzugt zum Transport von Wein und Öl

Apollon: griechischer Gott des Lichtes, der Weissagung, der Heilkunst, der Klarheit des geistigen Lebens; von den Etruskern als Apulu verehrt

Artemis: griechische Göttin der Jagd, der Tiere und der Wälder; in Kleinasien auch als Fruchtbarkeitsgöttin verehrt. Die Etrusker ehrten sie als Artumes.

Chiton: griechisches Gewand aus Leinen oder Wolle. Der Chiton wurde von Frauen bevorzugt und mal kurz, mal lang getragen, mit oder ohne Ärmel, doch stets gegürtet.

Dämon: niederer Schicksalsgott

Delphi: Heiligtum des Gottes Apollon in Griechenland. Priester sagten hier Ratsuchenden die Zukunft voraus.

Dionysos: griechischer Gott der Fruchtbarkeit und des Weines

Gallier: auch Kelten genannt. Stämme, die im Gebiet des heutigen Frankreich, in Süd- und Westdeutschland, der Schweiz und in Böhmen siedelten. Im Zuge größerer Wanderbewegungen seit dem 4. Jh. v. Chr. ließen sie sich auch in Norditalien nieder und erreichten von hier aus in Kriegszügen Süditalien und die Insel Sizilien.

Herakles: halbgöttlicher griechischer Sagenheld. Er wurde am Ende seines irdischen Lebens für seine Tapferkeit und Hilfsbereitschaft zum Gott erhoben.

Italiker: seit Ende des 2. Jt. v. Chr. in Italien eingewanderte Stämme, die eine indoeuropäische Sprache gebrauchten – im Unterschied zu den Etruskern, deren Sprache zu einer anderen, bisher unbekannten Sprachfamilie gehörte

Jupiter: oberster Gott der Römer

Karthago: (phönikisch »Neue Stadt«) von den Phönikern Ende des 9. Jh. v. Chr. an der Nordküste Afrikas gegründete Stadt. Ab 600 v. Chr. dehnte Karthago seine Herrschaft auf Teile der Küsten Nordafrikas, Südspaniens, Siziliens und Sardiniens aus. Zur Zeit der Etrusker war Karthago die stärkste Macht im westlichen Mittelmeer.

Latiner: Bewohner Latiums

Latium: Landschaft im westlichen Mittelitalien, südlich des Unterlaufs des Tiber

Lucumo: etruskischer Stadtkönig

Menrva: etruskischer Name für eine italische Göttin. Die Römer nannten sie Minerva. Sie galt als Schützerin des Handwerks, der Künste und der städtischen Ordnung.

Phöniker: Handels- und Seefahrervolk an der Küste Altsyriens. Sie gründeten an vielen Küsten des Mittelmeeres Koloniestädte.

Poseidon: griechischer Gott des Meeres und aller Gewässer

Sabiner: italischer Stamm, der in den Bergen nördlich von Rom lebte

Samniten: italische Stämme im südlichen und mittleren Apenningebirge

Säulen des Herakles: die einer griechischen Sage nach von Herakles errichteten Felsspitzen, welche die Meerenge von Gibraltar begrenzen – dort, wo das Mittelmeer in den Atlantischen Ozean mündet

Syrakus: von Griechen bewohnte Stadt an der Ostküste Siziliens. Sie war zur Zeit der Etrusker eine der bedeutendsten Städte des westlichen Mittelmeergebietes. Vorübergehend standen Gegenden Süditaliens unter ihrer Macht.

Tarquinier: Adelsgeschlecht aus Tarquinii (etrusk. Tarchna). Ungefähr 100 Jahre regierten Tarquinier die Stadt Rom als Könige.

Tinia: Herr des Himmels, bedeutendster etruskischer Gott. Er ist später in der Vorstellung der Etrusker mit Zeus oder Jupiter verschmolzen.

Tumulus: Grabhügel

Tunika: (lat. »Hemd«) knielanges Hemdgewand, von Männern und Frauen im Alltag getragen

Uni: von den Etruskern verehrte italische Göttin. Die Römer nannten sie Juno. Sie galt als Schutzherrin der Geburt, der Ehe und auch der Stadt.

Voltumna: Gott des etruskischen Städtebundes

Zeus: oberster Gott der Griechen

Auf der Rückseite dieses Bronzespiegels(5. Jh. v. Chr.) ist Apulu (griech. Apollon) mit seiner Zwillingsschwester Artumes (griech. Artemis) abgebildet. Der Bruder lauscht dem Kithara-Spiel seiner Schwester.

Chronik Etruriens

9. Jahrhundert v. Chr.

In Italien ist die Villanova-Kultur (nach einem Fundort so benannt) weit verbreitet. Die Träger dieser Kultur sind eingesessene und von Norden her auf die Apenninenhalbinsel eingewanderte Stämme – Ackerbauern und Viehhalter. Die Verwertung von Eisen beginnt. Stammesadlige heben sich von der übrigen Bevölkerung ab.
Auf günstigen Plätzen zwischen Arno und Tiber, wo später etruskische Städte errichtet werden, wohnt die Bevölkerung in größeren Dorfsiedlungen.

8. Jahrhundert v. Chr.

In Süditalien und auf der Insel Sizilien errichten griechische Siedler Städte (z. B. Kyme, Naxos, Syrakus).
Die ersten Zeugnisse etruskischer Kultur treten auf (vor allem Grabbeigaben).

7. Jahrhundert v. Chr.

Erste etruskische Inschrift (um 700).
Etruskische Adlige lassen sich in prachtvollen Gräbern bestatten.
Landwirtschaft, Erzbergbau, Metallverarbeitung, Handwerk und Schiffbau entwickeln sich.
Ab ca. 650 entstehen unter Führung von Lucumonen etruskische Stadtstaaten.
Die Etrusker dehnen ihren Machtbereich nach Latium aus.
Ein etruskischer König aus dem Geschlecht der Tarquinier ergreift die Macht in Rom (um 625). Unter Führung von Etruskerkönigen wird Rom zur Stadt ausgebaut.
Gegen Ende des 7. Jh. ist Etrurien die bedeutendste See- und Wirtschaftsmacht Italiens.

6. Jahrhundert v. Chr.

Die Etrusker erweitern ihren Machtbereich. Sie gründen Städte und Siedlungen in der Landschaft Kampanien und auf der Insel Korsika sowie in der Ebene des Flusses Po.
In vielen Stadtstaaten müssen die alten adligen Geschlechter die Macht mit neuen, durch Handel, Handwerk und Landwirtschaft reich gewordenen Familien teilen.
Karthager und Etrusker schließen ein Bündnis gegen den Einfluß der Griechen im westlichen Mittelmeer (um 550). Im Jahre 535 vernichtet eine etruskisch-karthagische Flotte die der Phokäer aus Alalia vor Sardinien. Der Höhepunkt der etruskischen Macht ist erreicht.
Im Jahre 509 wird der letzte etruskische König Roms gestürzt, die Etruskerstädte in Kampanien verlieren ihre Landverbindung mit Zentraletrurien.

5. Jahrhundert v. Chr.

Im Jahre 474 siegen die Syrakusaner über die Flotte der Etrusker vor Kyme.
Die Syrakusaner überfallen etruskische Küstenstädte und Siedlungen auf Korsika und Elba (453).
Capua fällt den Samniten in die Hand (423), die etruskischen Machthaber werden aus Kampanien vertrieben.
Der Niedergang der etruskischen Macht zu Lande und zur See ist nicht mehr aufzuhalten.

4. und 3. Jahrhundert v. Chr.

Im Jahre 396 fällt Veia nach zehnjähriger Belagerung in römische Hand.
Gallische Stämme dringen von Norden in Italien ein (seit etwa 400), sie besetzen einige etruskische Grenzstädte. Im Jahre 387 erobern die Gallier kurzzeitig Rom und brennen die Stadt nieder.
Die Syrakusaner von Sizilien überfallen die reiche Etruskerstadt Cisra (384/83).

Seit 350 führen die Römer erneut Krieg gegen die etruskischen Stadtstaaten. Einer nach dem anderen fällt unter römische Herrschaft: so Tarchna 351, Clevsin 295, Perusia, Arretium und Curtun 294, Velc 280, Cisra 274 und Volsinii 265.
Im Jahre 225 kämpfen Angehörige etruskischer Städte als unterworfene Bundesgenossen auf seiten der Römer siegreich gegen die Gallier.
Als der karthagische Heerführer Hannibal über die Alpen zieht und gegen Rom marschiert, schlagen sich einige Etruskerstädte – in der Hoffnung, sich auf diese Weise von den Römern zu befreien – auf seine Seite. Im Jahre 202 besiegen die Römer das karthagische Heer in Afrika und bestrafen darauf die von ihnen abgefallenen Etruskerstädte.

2. und 1. Jahrhundert v. Chr.

Der Einfluß Roms wird größer. Am Ende des 2. Jahrhunderts haben die Römer fast alle am Mittelmeer gelegenen Länder zu Provinzen oder Einflußgebieten gemacht. Sie errichten wie schon vorher zahlreiche Kolonien in ehemaligen etruskischen Gebieten. Viele Etruskerstädte werden zu Verbündeten Roms. Etruskische Adlige üben hier ihre Ämter aus wie zur Zeit der Unabhängigkeit. Infolge eines Aufstandes italischer Städte und Völker (Bundesgenossenkrieg) sieht sich Rom gezwungen, allen freien Etruskern römisches Bürgerrecht zu verleihen. Seit dem Jahre 87 werden alle freien Etrusker zu römischen Bürgern.

Dieser kleine Räucherwagen aus Bronze stammt aus dem 7. Jh. v. Chr. und diente als Kultgerät zum Verbrennen duftender Hölzer oder Harze.

Chronik alter Kulturen am Mittelmeer vom 12. Jahrhundert v. Chr.

	ITALIEN	GRIECHENLAND	VORDERASIEN
1200	Einwanderung von Völkern, die sich mit Ansässigen verbinden	Einwanderung der Dorer und nordwestgriechischer Stämme. Zerstörung von Mykene und Troja. Griechische Kolonisierung der Westküste Kleinasiens	Vordringen der »Seevölker«; Untergang des Hethiterreiches; Unabhängigkeit Phönikiens, erste phönikische Kolonien. Palästina unter David und Salomo
900	Zeugnisse etruskischer Kultur (ab ca. 800). Sagenhafte Gründung Roms (753). Griechische Koloniestädte in Süditalien und auf Sizilien (ab 750)	Griechische Stadtstaaten entstehen (ab ca. 800). Homer dichtet »Ilias« und »Odyssee«. Griechen kolonisieren Küsten des Mittelmeeres und Schwarzen Meeres (ab 8. Jh.).	Neuassyrisches Reich (884–609); Beginn assyrischer Expansion; Phöniker den Assyrern tributpflichtig. Griechen übernehmen phönikisches Alphabet.
700	Etrurien starke Wirtschafts- und Seehandelsmacht (ab ca. 600). Verträge mit Karthago. Gründung der römischen Republik (509)	Beginn der griechischen Münzprägung (um 650). Sklaven werden zu den wichtigsten Produzenten.	Assyrer erobern Syrien, Phönikien und Palästina. Assyrerherrschaft wird durch Neubabylonisches Reich (625–539) abgelöst.
500	Flotte aus Syrakus besiegt Etrusker vor Kyme (474). Veia fällt unter römische Herrschaft (396). Gallier plündern Rom (387). Rom unterwirft Italien ab Mitte 4. Jh.	Griechen besiegen Perser bei Salamis (480). Blütezeit Athens (460–430). Makedonien unterwirft griechische Stadtstaaten (338). Alexander wird König von Makedonien (336).	Persisches Achämenidenreich (539–330) unterwirft Phönikien. Alexander schlägt die Perser bei Issos (333) und erobert Vorderasien (stirbt 323 in Babylon).
300	In den 3 Punischen Kriegen (264–146) erobert Rom karthagisches Herrschaftsgebiet. Mittelmeerländer werden Provinzen oder Einflußgebiete Roms.	Griechenland unter Vorherrschaft Makedoniens. Makedonien (148) und ganz Griechenland (146) unter Römerherrschaft	Seleukidenreich in Vorderasien; Kämpfe zwischen Seleukiden und Ptolemäern. Reich der Parther im Iran und in Mesopotamien (ab 247). Syrien/Phönikien römische Provinz (ab 64)

bis zum 1. Jahrhundert v. Chr.

ÄGYPTEN	NORDAFRIKA	SPANIEN/FRANKREICH	
Ramses III. stoppt Vormarsch der »Seevölker« (1174). Syrien/Palästina entgleitet ägyptischem Einfluß. Beginn der Spätzeit (um 1080); Pharaonen der 21. und 22. Dynastie	Nomadisierende Berberstämme. Phöniker gründen Utika (1101) und weitere Städte an der nordafrikanischen Küste.	Kupferbergbau, Feld- und Gartenbau in Südspanien. Tarschisch Handelszentrum in Südwestspanien. Gründung von Gades am Atlantik durch Phöniker (1110)	**1200**
Pharaonen der 23.–25. Dynastie. Auseinandersetzungen mit Assyrien um Syrien/Palästina. Ägypten ist zeitweise Assyrien tributpflichtig.	Gründung von Karthago (Kart Hadascht) im Jahre 814/13 durch Phöniker aus Tyros	Gallische Stämme lassen sich nieder (ab ca. 800).	**900**
Pharaonen der 26. Dynastie auf seiten Assyriens gegen Babylonien. Verlust ägyptischer Besitzungen in Syrien/Palästina. Erste persische Herrschaft (27. Dynastie)	Griechen gründen an der libyschen Küste Kyrene (um 620). Karthago wird Großmacht (ab 600) und dehnt seinen Einfluß auf Nordafrika und das westliche Mittelmeergebiet aus.	Griechen gründen mehrere Städte an der Küste Südspaniens und Südfrankreichs, u. a. Massilia (Marseille). Karthager gründen Ibiza auf den Balearen (654/53).	**700**
Pharaonen der 28.–30. Dynastie. Zweite persische Herrschaft (31. Dynastie). Kampflose Übergabe Ägyptens an Alexander (332). Gründung von Alexandria	Der Karthager Hanno umschifft Afrika (um 425). Die Berber vermitteln den Handel der Karthager mit Zentralafrika.	Machtausdehnung der Karthager in Südspanien, mit wechselndem Erfolg im Kampf gegen die Einheimischen	**500**
Nachfolger Alexanders gründen Ptolemäerreich. Ägypten führende Wirtschaftsmacht im östlichen Mittelmeer. Ägypten wird römische Provinz (30).	Erste Berberstaaten, Numidien und Mauretanien, entstehen (um 200). Römer zerstören im 3. Punischen Krieg Karthago (146). Nordafrika wird römisches Herrschaftsgebiet.	Karthager gründen Neukarthago (221); Hannibals Heer bricht hier (218) nach Italien auf. Römer erobern Spanien (206) und fast ganz Südfrankreich (121).	**300**

Inhaltsverzeichnis

Karten auf Einbandinnenseiten von Wolfgang Mühlberg
Gesamtherstellung: Sachsendruck und Verlag GmbH
Printed in Germany
ISBN 3-358-01623-4

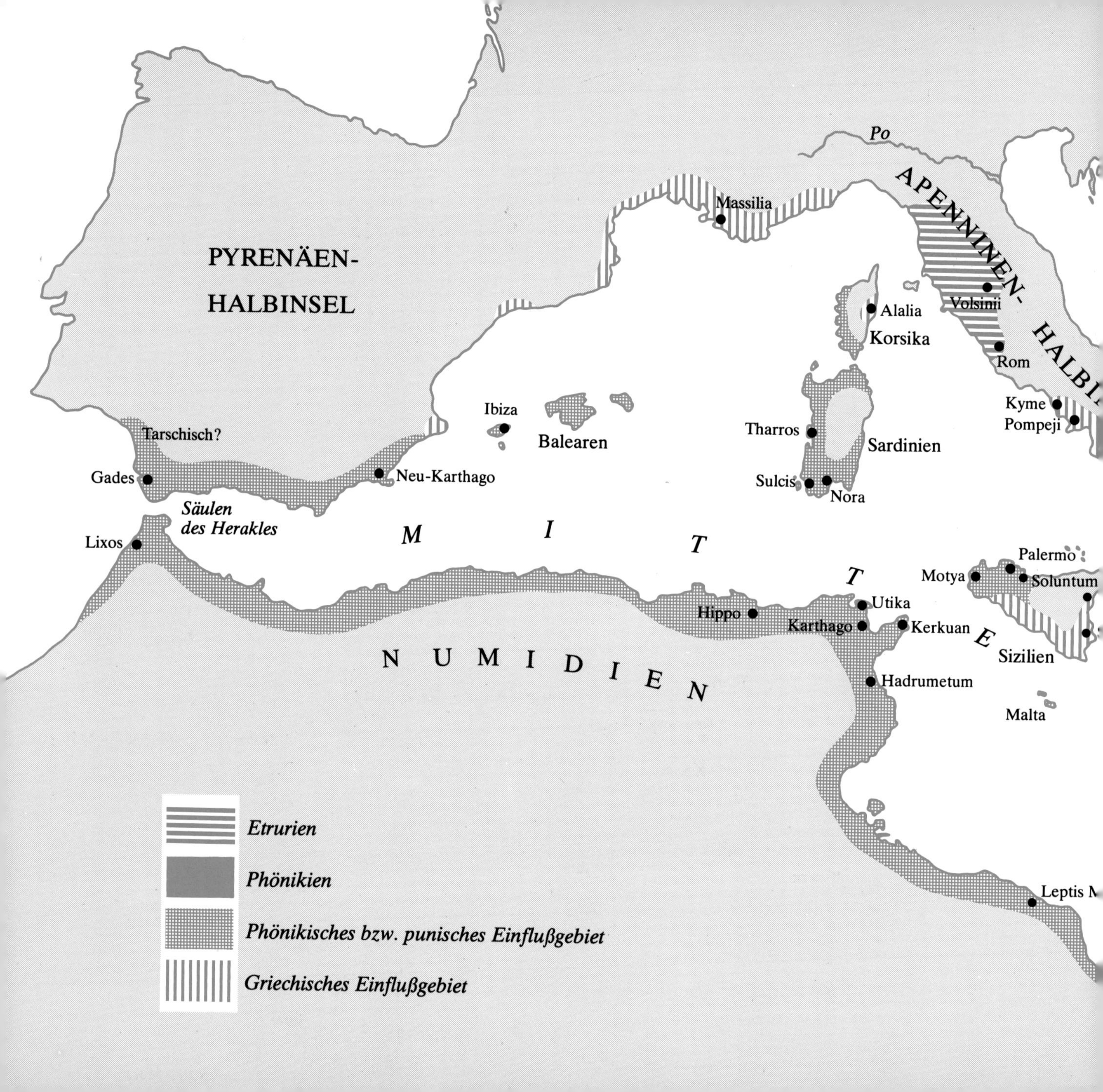
PYRENÄEN-
HALBINSEL
Po
APENNINEN-HALBI
Massilia
Alalia
Korsika
Volsinii
Rom
Kyme
Pompeji
Ibiza
Balearen
Tharros
Sardinien
Sulcis
Nora
Tarschisch?
Gades
Neu-Karthago
Säulen
des Herakles
Lixos
M I T T E
Palermo
Motya
Soluntum
Utika
Hippo
Karthago
Kerkuan
Sizilien
NUMIDIEN
Hadrumetum
Malta
Leptis M
Etrurien
Phönikien
Phönikisches bzw. punisches Einflußgebiet
Griechisches Einflußgebiet